看見真實的北極

不老探險家帶你與北極熊相遇

陳維滄 著・攝影

推薦序／

不老攝影家的瞬間驚奇

胡元輝
優質新聞發展協會理事長、中正大學傳播學系教授

「飲酣視八極，俗物多茫茫。」唐朝詩人杜甫在他的〈壯遊〉一詩中曾經如此描述他的年少情懷。不老攝影家陳維滄先生雖無杜甫豪飲之氣概，卻有詩聖脫俗之智慧，於知天命之年即義無反顧，展開全球壯遊。

幸運的是，事業有成的陳董事長不僅無杜甫「不得窮扶桑」的遺恨，迄今更已壯遊極地十餘次，以致自嘲已罹患「極地遠征症候群」。陳董何以樂極地而不疲？若為追逐新奇，貪取美名，一次已足，又何須屢冒「危機四伏」（陳董語）之險？

自與陳董相識以來，有時亦不免想問他這個問題，但只要有機會欣賞到他那精彩動人的攝影作品，或是聽他講述極地攝影的曲折際遇，其實答案已不言可喻。那

是一種浮華人生的抽離，更是浩瀚自然的投入，陳董於出入之間見證山川大地，記錄絕境生靈，又如何能拒絕此種修行的召喚？

據史料記載，十七世紀的歐洲年輕人興起壯遊（Grand Tour）之舉，至十八世紀蔚然成風，但該時期之壯遊以藝術、文化的薰陶為主，且儼然為年輕人的成年之禮。陳董之壯遊則始於耳順之年，且鍾情於自然界之奧妙洗禮，雖迥異於數百年前的歐洲年輕人，惟其豪情壯志堪為「不老世代」之典範。

攝影大師布列松（Henri Cartier-Bresson）的「決定性瞬間」理論，強調優秀的新聞攝影作品在動作、事件的瞬間凝止情境中，表現新聞事實的整體和精華，既捕捉瞬間，亦留下永恆。陳董事長壯遊天地的作品雖非新聞攝影，卻足以讓觀賞者神遊其間，感受鏡頭瞬間的天地大美，實屬布列松理論的另類印證。

無論橫看或側視，亦無論順看或逆視，本書所蒐錄的作品都是不折不扣的「瞬間驚奇」。人生無處不風景，天地片刻是永恆，豈其虛妄哉？

推薦序／

值得學習的極地壯遊精神

江秀真

探險家、十大傑出女青年、
登頂南極洲最高峰文森峰、登頂非洲最高峰吉利馬札羅峰、兩次登頂聖母峰

生命之所以精彩，是因為充滿未知與挑戰，人生旅程的豐富則來自苦樂參半。

陳董事長在極地壯遊的次數是超越現代年輕人好幾倍，以至於高齡八十歲的他，精神勇氣依然像個小伙子，踩著活到老學到老的穩健步伐，探索極地。

令人佩服的不只是雙腳壯遊，雙手更是沒停過的拍攝，才能累積無數的經典照片，特別是他將六次前往北極的珍貴鏡頭集結成書；畫面會說話，尤其在雪地裡追蹤攝影北極熊家族的生活情形，專業攝影者都知道拍攝十次，失敗九次是家常便飯，可想而知，若無相當耐心、毅力與足夠熱情去抵擋北緯九十度的極地低溫，不僅無法獲得好的作品，反而招來四肢凍傷的威脅，此書的珍貴已無需秀真多言。

陳董事長的壯遊精神，為何是秀真學習的典範？並非年長，而是他樂於分享的心，花費大半年的時間挑選相片、整理心得，就是要讓大家「看見真實的北極」，此生或許無法親自前往領略，但身歷其境的真實感，絕對讓您大開眼界。

推薦序／

鏡頭瞬間，凝神一剎的停格

劉克襄

詩人、散文家、自然觀察家、台灣史、旅行研究者等多重身分
現為中央社董事長

雷鳥、雪鴞和北極熊都是旅行北國時，自己念茲在茲極欲遇見的動物。只可惜，一直無緣在現場目睹，後來讀了許多篇章，也觀看過諸多影片，還是有些悵然。唯獨對相機凝神一剎的停格，最能共鳴。或許是野地觀察的經驗，我總覺得，經過長時守候，瞬間的生動掌握，向來是永恆的最高情境，也是我們對這些稀有物種致敬的一種謙卑方法。

而拍攝者透過好幾回的現場拜訪、熟悉和等待，在按下快門那一剎那，他的生態保育和環境意識也盡在照片中流露，構成此一野外美學的核心。這是我在觀看維滄兄的攝影作品，尤其是動物鏡頭的捕捉時，心裡浮升的想像，以及對其核心思維的認知。七十以後而從心所欲，自然亦隱隱在其中。

感動佳評／

在這個時代，只要有錢有點體力，要上高山下深海，到南北極甚至上到外太空，都已經不是一件很稀奇的事，但是維滄兄最令人佩服的地方，是他從職場退休三十年來，依然滿懷赤子般的好奇心，熱情洋溢地探索這個奧妙的世界，這對快速進入超高齡社會，即將有許多退休長者的台灣來說，這位不老的探險家將會是激勵人心，讓更多人有信心活出自己第二個第三個人生的最好典範了！

——**李偉文**・作家、醫師、荒野保護協會榮譽理事長

維滄董事長用鏡頭帶給我們的，不僅是北極的獨特風景與熊寶貝家族，更呈現他對極地景物的深刻人文關懷，與赤子之心般的莞爾；更令人敬佩的是，每張珍貴影像，都傳承他以不老騎士精神所烙印出來的生命態度。

——**李吉仁**・台灣大學國際企業學系教授

大多數的人遇見熊，不管是什麼熊，是在動物園。我從不去動物園，那是動物監

獄。最難得真實遇見的熊是北極熊，因為是在酷寒的北國極地。《看見真實的北極》以優美的文字和真實的圖像讓你遠遊北極，和北極熊親密相遇。

——**何萬順**．國立政治大學語言學研究所暨心智大腦與學習研究中心特聘教授

陳維滄先生克服重重困難，親赴極地，如實觀照，向人間傳達大自然的美。在鏡頭背後的屏氣凝神，獨具隻眼，讓美的瞬間化為永恆，這或許是陳董要用鏡頭告訴我們，面對無常，人只有清明心性，珍惜當下，才是最好的方式。

——**何照清**．國立聯合大學華語文學系創系主任

《普門品》以「遊諸國土，度脫眾生」形容觀世音菩薩，不老探險家陳維滄以「無住生心」暢遊北極，拍回罕見的極地風光和北極熊，一如觀音將地球上最美的風景獻給世人，喚醒珍愛地球、保育動物的善心，共同見證奇蹟！

——**妙熙法師**．《人間福報》總編輯
著有《走進阿蘭若》、《行腳印度》、《人間菩提味》

七年前，因緣結識川流文教基金會陳維滄董事長，有幸邀請他擔任台灣環境資訊協會顧問總召集人。當年他已跑遍天下、特別是旅程艱辛的地方。令我佩服的不僅

是他的體力，更是過人的毅力；我雖受過動物學訓練，又投入環境資訊傳播工作十八年，至今卻仍無緣親睹極地生態系及其野生動植物，陳董的經歷，令我羨慕。

——**陳瑞賓**・社團法人台灣環境資訊協會秘書長

認識維滄兄十多年了，最是羨慕他有財力、體力和能力，能夠到處趴趴走，留下美麗動人的紀錄，特別是我朝思暮想了八十年的南北極。

少年時代念完《徐霞客遊記》，立下志願，要走遍中國，遊覽全世界。當然，夢想歸夢想，歐亞非不過蜻蜓點水，南北極就沒啥盼望。三十年前參與加拿大北遊船旅，說是最遠會到北極，誰知只到一個冰島邊沿，舉目一大片冰原，讓大家上去走幾分鐘就回船了。全部體驗是腳踩在冰塊上、走動幾十步而已。

如今閱讀維滄兄的新書，又令我心潮一陣洶湧。不敢生效法之心，而是佩服他這把年紀了，能進出極地，捕捉難得的場景，且奇遇連連，如一日遇見七隻北極熊，能不令人拍案叫絕？我可是感動復感激呢！

有老當如是。維滄是我們老人的最佳榜樣。

——**陳若曦**・以《尹縣長》等著作馳名文壇
曾獲中山文藝獎、聯合報小說特別獎、吳三連文藝獎、吳濁流文藝獎

極地，對人類來說，意味著什麼？意味著未知的領域，固體水庫，地球恆溫器

以及某種神秘和神聖的境域。維滄先生是一個對未知和神秘領域的探索者，用旅程，用鏡頭、畫面，用文字，更重要的，用心。讀他的北極探索記錄，領略人間未有的風景，更重要的，希望感受到他探索的心，還有對未知、神秘、神聖境遇的探測、感知與冥悟，並升起我們心中的愛與善。

——**張順平**·騰訊《儒佛道》主編

「我要出發去北極了，你也來嗎？」

「哇！真好！——可是旅費高不高？」

「沒問題，錢歸我出。」

「可是，既到了北極，總要拍幾張北極熊才對得起自己吧！我的攝影器材太爛了。」

「放心，拍照由我負責。」

「可是，我的心臟不太好，上個月才裝了支架。」

「放心，你不必出門，坐在沙發上就可以遊北極。」

「所以，我要做什麼？」

「你不用做什麼，出一雙眼就行，我會把北極熊透過書本牽到你家客廳跟你對坐。」

——**張曉風**·作家，十大傑出女青年，曾任教東吳大學、陽明大學以散文馳名，文字融合古典與現代陳維滄先生是個不斷以跋涉極地的艱險困難考驗自己，也因而不斷看見生命的美麗風景的人。已經八十歲了，依然揹著沉重器材一再登南北極，捕捉大自然的壯闊和生命力的動人。這本書裡，我們會看到他拍攝到的，北極小熊出洞、母熊領著小熊走向哈德遜海灣……等極難得的景象。讀者莞爾之餘，一定更會心於影像背後，執鏡者的溫暖童心。

——**黃碧端**・文學教授、作家，中華民國筆會會長。曾任國立台南藝大校長、文建會主委、國家兩廳院藝術總監、教育部政務次長，著作豐富

不老探險家陳董事長給我的第一印象是溫文儒雅的長者，對生命充滿熱情，對新事物充滿好奇，並勇於接受挑戰。他活到老學到老，勇於追夢，生命故事很精彩，值得年輕人效法，年初我邀他擔任成功大學通識課程「生涯規劃精英論壇」講師，他一口應允。相信他必能啟發學子莫忘初衷，活出精彩又有貢獻的人生。

——**黃肇瑞**・前高雄大學校長、成功大學材料科學及工程學系教授

作者的攝影作品不止展現世界遙遠角落的各種特殊景觀、生物、人文等特色，更重要的是，我們看到一個好奇的靈魂，不屈不撓地在追尋未知和真相，這是最令人感動的部分。

——**費文**・《講義》雜誌總編輯

作者是禪的生活達人，以禪的自然、率真旅行，便是禪行者。挑戰極限，超越極限，多次親訪地球三極，攝影、書寫、演講，豐富了他的生命，也提升了閱聽眾的心靈。他媲美唐朝趙州和尚的八十歲猶行腳天下，更體現了釋迦牟尼佛的八十歲仍然在遊化人間、教化眾生。

——**鄭振煌**・中華維鬘學會名譽理事長、中華佛教居士會副理事長
著作《看話參禪》等十多部，翻譯《西藏生死書》等四十餘部

如果與億萬年的地球歷史相比，人類的生命只是宇宙的驚鴻一瞥，但當我們跟著作者的腳步，探索地球的北端，領略極地獨有的純淨美，並近距離關懷那些瀕危動物們的時候，終於了解我們的生命與自然萬物存在著共同的DNA——那是生命層次的再度豐富，也重新喚起了每個人愛慕自然的靈魂……

——**舒夢蘭**・作家、東森新聞主播、《聚焦全世界》節目主持人

—前言—

我得了「極地遠征症候群」

陳維滄

地球上的三極：北極、南極、中極（西藏），一直是攝影者的嚮往。初探南極時，純淨的大地深深震撼了我，讓我種下了極地相思的種子，我彷彿得了「極地遠征症候群」，先後曾十多次探訪南極和北極，最長的為期二十九天。極地探索對我而言，不只是為了探險，而是想要超越自我，以及心靈上更深沉的召喚。

北極的夏天，海風吹來總是冷冽刺人，核子動力破冰船航行在北極海，船頭與銀白色冰層奮戰，發出吱吱嘎響。眼前的風景，就像南極一般，逸闊的藍天，寂靜的荒冰，畫成了壯美而蒼涼的大寫意。和南極大陸不同的是，浩瀚的北極冰原之下，並沒有一塊陸地，全是凍結的冰層；而冰原上北極熊孤獨的身影，取代了南極企鵝群聚的壯觀。

南極之行，常因經過風浪較大的海域而飽受暈船之苦，且海上高聳、多變的冰山景觀讓人心生敬畏。登陸後，雪地上更是起伏難行，有時需長途跋涉一個小時以上。相形之下，被冰雪大範圍覆蓋的北極海不僅風浪較小，視覺上，整個環境也比較平緩和諧。

我們早期前往正北極九十度，只有一家旅行社代理，僅七十六人參加，都是來自世界各地的科學家、攝影家、畫家、學者、探險家等菁英；現在前往正北極，代

理的旅行社有七、八家，雖然也是搭乘核子動力破冰船，成員大都屬於觀光客，動輒數百人以上，氣氛自然也就不一樣了。到北極圈，如果前往挪威、冰島，大都搭遊輪……如果去加拿大，則搭乘火車和小飛機，名額限制二十二人。

一般而言，到北極除了感受冰天雪地之外，最主要是想看看北極熊，然而正北極九十度是看不到北極熊的。正北極被北冰洋大片冰層覆蓋，偌大的冰原，讓北極熊吃不到海豹，不會現蹤；但是我們那天在船上卻一次看到了七隻熊，這樣的好運氣堪稱空前，也可能絕後。

由於公熊和母熊對破冰船的好奇與靠近，我從大約有七層樓高破冰船，由上往下拍，有空拍的效果。首先拍到北極熊饑腸轆轆、躑躅獨行的畫面。其次，為了尋找食物，北極熊由一個冰層跳躍到另一個冰層，這種瞬間動感畫面可遇不可求，我竟能手到擒來，生動捕捉。最後我拍到了公熊和母熊不來電的畫面。

我很納悶，船上的快門聲此起彼落，攝影者見獵心喜，但受限於法令不准餵食，北極熊卻仍然空腹而歸，熊兒如果有知，必定心酸地說，「我的肖像權何在呢？我的生存權何在呢？」

北極熊讓人們予取予求，自己卻一無所得，實在不公平！

光是這三系列的畫面已經算是大有斬獲了，沒想到好戲還在後頭，緊接而來的第五次北極行，拍到了北極皇后雪浴、三隻小熊冒出洞，第六次北極行更如倒吃甘蔗般拍到了母熊帶領小熊走向哈德遜海灣的畫面。這些都是上天給的禮物，讓我的北極行回憶滿滿，意義非凡。

PART. 2 極境之極

PART. 3 凍原覓熊

PART.4 踏雪尋熊

Part 1

琉璃仙境

旅行如同修行一樣
在極地，讓我從原有的繁華紅塵抽身而出
從舊有的習性思惟跳脫開來

前進北緯八十度的家族旅行

如果人一輩子要有一次的壯遊，極地是值得參考的選項之一。壯遊可以淬煉意志，化恐懼為動力，改變人生的想法。唐代高僧玄奘到天竺取經，現在看來就是他人生的一次壯遊，因為這次的壯遊，為中土帶進了影響深遠的佛教經典和文化。司馬遷能寫下永垂不朽的《史記》，除了讀萬卷書外，行萬里路的壯遊天下，想必也助益甚大。

對我而言，探索極地志不在享樂，相反地，旅行卻如同修行一樣。在極地，讓我從原有的繁華紅塵抽身而出，從舊有的習性思惟跳脫開來。可是出門到極地，旅途遙遠，旅程漫長，必定會有一段很長的時間不在家。我太太林恭女對我熱衷極地探索不甚諒解，她很納悶我為何屢屢不安於室，卻一而再，再而三前往危機四伏的極地？

事實上，極地似乎就像是一個很大的磁場，有一種強大的力量吸引著人。我發現愈是像極地這種人跡罕至、遠離塵囂的地方，愈是能淨化心靈，找到自我，讓自己感受到個人在天地間的渺小和微不足道，對於外在的種種塵苦、羈絆，就會有著更開闊的胸襟去釋然、去忘懷。

因為這樣的信念，我覺得我之所以熱衷極地探索實有必要讓家人對我有著更多的理解。因此想安排一次家庭旅遊，而家庭旅遊未必要深入極境之極，只要能增進相互了解，促進家庭和諧，也就夠了，北緯八十度行程即頗為適合全家共遊。我希望太太、家人能與我共同體會那一種心靈深沉的寧靜和感動。因此，傾力說服太太，我向她說明前進北緯八十度，搭乘的只是驅冰船，風浪不大，不會特別辛苦。

由於自己對極境旅遊的熱愛，也安排一次北緯80度的家族旅行，體驗壯闊之美。（右起內人林恭女、作者、長女陳慧珊、女婿羅升俊、外孫羅雲長。）

挪威

天堂般的幸福之地

北緯八十度，地球儀上沒有標示線與數字的地帶，但它真實的存在。在這個區域的國度裡，以「天堂般的幸福之地」來形容，絕非誇大之詞。而它們的居民，則是我眼中的「天命之民」（The Chosen People），在這擾攘的世界裡，北國的居民與土地，創造了一處淨地，讓旅人放鬆、沉澱和省思。

因萬年前的冰河作用，造成了北緯八十度的國家擁有多山、多峽谷和多瀑布的環境。冰河峽灣最美的挪威，可見證冰河的歷史演變，像是哈丹格峽灣（Hardangerfjord）仍未消融的冰河，仍覆蓋著萬年皚皚白雪；乘船漫遊世界最深、最長和最大的松恩峽灣（Sogne Fjord），青綠色的水面平靜無波，兩岸的峰巒起伏，斷崖峭壁處處，讓人不難想像：在一萬年前冰河時期，大量冰塊由高山上滑下，是如何地將山壁侵蝕而成了峽谷。

曾連續四年「幸福指數」排名第一的挪威，不僅峽灣風景讓人心曠神怡，挪威人民的素養，也讓人深深感受到幸福。

從蓋倫格峽灣（Geirangerfjord）到翁達爾斯內斯（Andalsnes）的黃金之路（Golden Route）一帶，時而經過峽灣，時而越過高山，絕美的景色動人心弦。來到崎嶇的精靈之路（Trollstigen），連續十一個陡峭彎曲的髮夾彎，迂迴不斷，其驚險可比擬於早期西藏的川藏公路，尤其大型巴士行走更加困難。不料，我們的遊覽車在轉彎時險些掉落懸崖，卡在崖邊進退不得，阻擋交通長達五個小時。

許多車子在山路上排成蜿蜒的一長列，但挪威人不猛按喇叭也不圍過來看熱鬧礙事，反倒有許多人來協助想辦法，連路過的腳踏車騎士也熱心的幫忙搬走石塊，讓人見識了挪威人的國民素質。

精靈之路豈止九拐十八彎，許多驚險的髮夾彎在上下起伏的山中盤繞。

有時小橋跨越極深的溪谷，谷底的雪水嘩嘩怒吼，極為壯觀。

挪威的人生公園——威格蘭雕刻公園（Vigeland Sculpture Park），也讓人驚豔。這座公園反映了挪威人的生活哲學以及生命的寬度。藝術家威格蘭費時三十五年，雕刻的二百一十二座雕像，每座都富有強烈的張力，我很享受在這兒悠然的欣賞生命的縮影，從嬰幼兒、青少年、成年、到老年人的裸體雕像，將人生的喜怒哀樂愛惡欲，刻畫得淋漓盡致。整座公園就像一本無字經書，讓人體會生命循環的本質，正如佛教的根本思想：「苦、空、無常、無我。」

人生公園裡最引人注目的人生柱高17公尺，一整塊花崗岩雕刻出212個男女老幼，將人生的生老病死、沮喪、希望，刻畫得精彩動人。

人生公園裡的每一件雕刻作品，都引人駐足深思，
值得安排長時間停留欣賞。

冰島

冰與火交融的世界

冰島，是一個冰火相融的世界。正如其名的有許多「冰」覆蓋大地，是世界第三大冰原。萬年不化的冰雪之外，更有兩、三百個火山和六百多個溫泉，是全世界火山地熱活動最活躍的地區，也是全世界溫泉最多的國家，簡直是座自然天成的「冰火主題公園」。因地熱豐富，因此氣候比鄰近國家溫暖，四處可見如茵的青草和翠綠的農牧場。

世界知名的藍湖（Blue Lagoon）溫泉，是體驗冰島地熱的最佳去處。有趣的是，這個長年被蒸氣籠罩的溫泉，其實並非「天然」，而是不小心「誕生」的人為產物。因附近的發電廠汲取地下極高溫的熱水運轉渦輪，最後將發電用的熱水經過降溫後，注入這片凹陷的火山岩中，沒想到熱水融解了岩石中的礦物質，讓水變成了幽藍色，成了冰島人和各國旅客的最愛。將天然的白矽泥塗抹臉上，浸浴恆溫攝氏三十七度的地熱水中，可養顏美容，天然景觀讓人更加舒暢，舒服得不想爬起來。

冰島的火山活動，最有趣的是蓋錫爾地熱區（Geyser）的多座間歇噴泉。其中爆發力最驚人的是史托克間歇噴泉（Strokkur Geysir），每七、八分鐘噴發一次，一開始，只見地上有個安靜的大坑洞，接著是「咕嚕、咕嚕」的聲響，不斷變大再變大。緊接著，滾熱的水柱隨著四起的驚呼聲，竄起三十多公尺，飆高再飆高，然後倏地消失，過程僅僅幾秒中，眼睛眨也不敢

冰島的史托克間歇噴泉，每7、8分鐘噴發一次，高竄30多公尺。

史托克間歇噴泉醞釀時間愈久，噴發高度也愈驚人，最高紀錄有80公尺。

古佛斯瀑布揚起水霧時，氣勢磅礡。

眨，引頸期待著下一場的演出，醞釀時間愈久，噴發高度也愈驚人，最高紀錄有八十公尺高。

「冰火交融」的冰島，有地熱也有冰原。其中Hofsjokull和Langjokull兩座冰原的雪水形成的古佛斯瀑布（Gullfoss Waterfall，又稱黃金瀑布）氣勢磅礡，瀑布區域廣大，在短短數十公尺內的斷層上，形成直角約九十度的兩道大瀑布，水聲轟隆隆震天價響，激起的水霧飛揚，天氣良好時幾乎隨時能看到彩虹，壯觀極了。

冰島的美麗與哀愁

不幸的是，惠澤冰島人許久的地熱，沒想到也帶來了天災，二〇一〇年艾雅法拉（Eyjafjallajökull）冰河火山突然爆發，岩漿衝破兩百公尺厚的冰層，導致冰河融化，火山灰噴發至一萬多公尺的高空，造成全球航空大亂，引發難以估計的損失。火山灰不但對歐洲北部造成污染，更使得冰島的天空蒙著濃厚的灰霧，阻擋陽光照射，將使冰島的溫度下降。

在此天災之前，這座曾是全球最富足的小島國也遭遇了人禍，西元二〇〇九年歐洲爆發經濟危機時，冰島因為積欠英國大量公債無法償還，使得國內幣值急速貶值，二〇一〇年，冰島不得不宣布破產，許多國民的生活也陷入困境。

受惠於「火山效應」，旅遊業在此時悄悄萌芽，拉了冰島一把，而一躍成為冰島最大產業，支撐起了當地的經濟。二〇一一年起冰島經濟逐漸脫離衰退，其中根據國際地產顧問公司萊坊最新第二季全球房價指數，全球五十五個國家中，有近九成、四十八國房價上揚，整體平均漲幅達百分之五點六，而冰島房價以年漲幅達百分之二十三點二，穩坐全球第一寶座。

冰島房價漲幅居全球之冠的主因在於，國際觀光客大量湧入，近年該地觀光旅遊業爆炸性成長，去年就吸引超過一七〇萬旅客，但目前冰島人口約三十四點四萬人，住宅供給卻只有十三萬戶。

格陵蘭

寂靜宛如琉璃藍仙境

格陵蘭的冰河、雪原，一望無際，那是千億年的寂靜。海岸邊，琉璃藍的浮冰漂浮在深藍大海上，宛如夢幻仙境。

初夏時，由飛機上向下俯瞰，視線所及的範圍內，除了小部分自冰封中露臉的褐色和綠色凍土，在深藍色的海水環繞下，白色是唯一的顏色。當飛機將降落，白色冰原出現了五顏六色的小房子，替白色大地妝點了活潑的色彩。

世界第一大島格陵蘭，面積是美國本土的四分之一，大部分的土地位於北極圈之內，約有百分之八十的土地被冰雪覆蓋，是世界第二大冰原。我問過許多人，幾乎有一半的人都以為格陵蘭是個國家，事實上，格陵蘭屬於距離二千公里之遙的丹麥領地，但已在西元二〇〇八年成立了自治政府。

乘坐紅色的氣墊船航行，點綴著浮雲的天空，幾乎和海水一樣的藍，這是過去在精美的月曆中常見的風景，而我正置身其中。水面平滑如鏡，倒映著露頭的岩山和天空，形成萬花筒般迷幻的圖形，讓人一時不知道何者為虛，何者為實。除了偶爾穿行浮冰之中，船身發出了磨擦的「嘎吱」聲，天地一片寧靜。對於都市人，這是一個自自然然就能沉思冥想的地方。

這次能夠拍到許多氣墊船航行的漂亮照片，其實是有備而來的。上船前我告訴駕駛我是攝影家，並塞給他十塊錢美金，囑咐他依照我的手勢，為我控制船速，方便我攝影時的多方位取景，駕駛也十分配合，在四條船同時航行的途中，忽前忽後，因此可以拍到構圖多樣性的作品。此外，拜現代科技

海天藍成一色，氣墊船點綴其中，別有風味。

所賜，現在相機有防震功能，所以可以在不斷晃動中拍到銳利的影像。

格陵蘭看似一個中間高、四周低的大島，實際上正好相反。島中央有三千多公尺高，部分冰層的厚度更達三公里，島中央因受到冰原的壓擠，土地已凹陷到接近海平面，使得島的四周隆起，成為環島山脈。這也正意味著，倘若格陵蘭的冰原全部融化，將會成為一個像甜甜圈狀的湖島。而它的冰原占全球淡水總量的百分之十，根據科學家的估計，如果這些冰原全部融解，足以使地球海平面升高六點五公尺。而如果地球暖化持續惡化，到二一〇〇年，海平面可能上升二十六至八十二公分。

事實上，科學家發現，「北極放大」效應已擴散至北極圈內的格陵蘭島，其暖化現象正在加速，且日漸嚴重。原本只在北極海出現的「北極放大」效應將造成溫暖的洋流或氣流擴散到其他地區。「北極放大」效應是指，北極氣溫的變化幅度比其他地區高出許多，可能是因為冰層反照率降低的原因。原本極地區域擁有很厚的冰層，這些冰層會反射近九成的熱輻射，也讓這些地區維持寒冷的氣溫。

為了提醒世人，融冰事態嚴重，二〇一五年十一月底，聯合國巴黎氣候高峰會登場前，十二塊總重約一百二十噸的巨大冰塊從格陵蘭海上運往法國巴黎，被排成時鐘模樣，放置在巴黎共和廣場展示，以顯示冰河正一分一秒快速融解。

說句題外話，北緯八十度之旅是我和家人一次美麗的回憶，日後太太和親朋好友相聚時，常津津樂道這次的旅行。遊程結束後，貼心的女兒慧珊，出其不意地親手製作了一本精裝的紀念本，提早為我慶生，讓我驚喜不已！

乘船在冰海中漫遊，欣賞陸地風景和冰川，是旅遊格陵蘭最愜意的活動。

格陵蘭冰原如果全部融解，地球海平面可能升高6.5公尺。

以前格陵蘭岩岸附近的海面都是浮冰，但因全球暖化使得夏天的浮冰迅速融化，冰河也後退了。

阿拉斯加

狹路遇棕熊的驚險一瞬間

阿拉斯加的卡特邁國家公園（Katmai National Park）讓我目睹了棕熊求生存的艱難。阿拉斯加是在一八六七年由俄國以七百二十萬美元的低價賣給美國，當初還受到輿論指責，被認為是買了一座無用的大冰箱，後來才發現這裡有豐沛的自然資源。這次我們為了拍攝棕熊捕捉鮭魚的畫面而來，這裡也正是《國家地理頻道》拍攝棕熊的地點。我們下榻在國家公園內唯一的小木屋，與棕熊沉浸在同一片美好的大自然裡。

卡特邁國家公園是阿拉斯加最偏遠的國家公園之一，有著名的火山風光萬煙谷（Valley of Ten Thousand Smokes）和特有的棕熊保護區，保護區內約有二千隻左右的棕熊。布魯克斯河（Brooks River）每年到了鮭魚的產卵期，都有大量的鮭魚逆流而上，而布魯克斯瀑布（Brooks Falls），是觀察棕熊的最佳的位置，在這裡，我們以最安全的距離期待著棕熊捕捉鮭魚。

阿拉斯加雪山頂壯美遼闊的畫面，讓人體驗到「天地有大美而不言」的意境。

每年七月到九月，棕熊們就在瀑布下守候逆流而上的鮭魚，想趁著冬眠之前飽餐一頓。但是這一天，不知是我們運氣不好，還是氣候環境的改變太大，偌大的河床上，我們陪著棕熊苦苦等候三小時，只見一兩隻鮭魚在熊腳邊現身。最後，竟沒有任何收穫，棕熊垂頭喪氣的往別處覓食，我們也跟著棕熊感到無力。

有一天，我不想待在小木屋裡空等，於是出門看看，走著走著竟看到一隻小棕熊和四位釣客在溪流中擦身而過，所幸母熊不在小棕熊旁邊，否則母熊基於為保護小熊的天性，如果出手，那麼釣客們恐怕就有性命之危了！接下來更有眼福地拍到了難得一見的畫面，一對發情的棕熊，慾火難耐，在路上毫無忌憚，旁若無人地上演起「限制級」，畫面中母棕熊的表情，讓人看了莞爾一笑。

更有一天，隊友資深攝影家沈文裕一打開小木屋的門，就與棕熊來個大照面，他嚇得大叫一聲，趕緊「砰」的一聲用力把門甩上，棕熊也被關門聲嚇了一大跳，馬上落荒逃跑。可惜，我人沒在營地，未能拍到這緊張精采的一幕。

資料顯示，熊隨機攻擊人的事件非常罕見，但是，

飛機盤旋在阿拉斯加雪山頂，降落在冰雪峽谷中。

在國家公園裡，人與棕熊狹路相逢。這真是個驚險畫面，母熊為保護孩子常會攻擊人。

一隻小棕熊和4位釣客在溪流中擦身而過。

無意中發現在路邊交配的棕熊。

黑熊是意外的訪客，
驚鴻一瞥後就消失無蹤。

遊客面對母熊帶小熊時，要格外小心。

在布魯克斯瀑布下，耐心等待鮭魚的棕熊。

解說員仍然對我們再三交代：如果在戶外與棕熊不期而遇，一定要用眼睛直視牠，然後慢慢的後退，讓路給棕熊。

在國家公園裡，我們剛好與棕熊狹路相逢，一隻母熊帶著兩隻小熊出現在森林裡的石子路上，這真是個驚險的畫面，因為母熊為了保護小熊而攻擊人的事件時有所聞。而更危急的情況是，當時竟有另外一團的團員，為了拍攝棕熊而不顧自身安危，採取近身拍攝的姿態。三隻棕熊被我們和對面的團員包圍，開始不知所措的張望起來，帶領的解說員一見狀，趕緊要我們這邊先撤退，以免發生熊攻擊人的意外。

然而，不幸的是著名的日籍生態攝影師星野道夫，於一九九六年在勘察加半島露營時，遭到棕熊攻擊而罹難。熊咬人的畫面我們可從影帝李奧納多・狄卡皮歐（Leonardo DiCaprio）在奧斯卡得獎影片《神鬼獵人》（The Revenant）的演出得窺一二；但解說員告訴我們，過去二十多年來，雖然難免有血淋淋事件發生，保護區內已經甚少發生人被熊攻擊的紀錄。

儘管如此，遊客也一定要遵守規定，例如，食物一定要包裹妥善，不要因食物的味道而把熊吸引到人類活動的區域，吃東西時也務必在規定的地方，以保護自己的安全，若在野外遇見棕熊，也一定要處變不驚，沉著應戰。

除了棕熊之外，我還難得地拍到了黑熊，黑熊驚鴻一瞥，一下子就消失無蹤。

阿拉斯加之旅，讓我有機會乘坐飛機，從空中俯瞰北美第一高峰麥金利山脈（Mt. Mckinley），感受高山磅礴巍峨的自然奧妙。飛機降落在歷經千萬年擠壓形成的冰河大地，冰川之美壯觀無比，我拿出陪我旅遊的泰迪熊拍照留念，一同感受這難得的景致。

史瓦巴特群島
極地動物求生令人動容

北極海一片荒冰，景色與生態單調。最精彩的莫過於北緯八十度一帶，多變的環境孕育了豐富的生態。

世界最北的陸地史瓦巴特群島，也是世界最北的殖民地，隸屬於挪威，總人口只有二千多人。

北緯七十八點三度的首府長年市（Longyearbyen），位於斯匹次卑根峽灣邊，冷清得只有一條街。附近的房子漆著紅、橙、翠綠、海藍，整齊排成一列，鮮豔的色彩溫暖了冰荒野地的單調，遠遠望去，像是繪本中的童話小屋，令人莞爾。這些小屋可愛極了，讓人不解的是，台灣的建築法規雖然條條看似嚴謹，但不知為什麼房屋總見鐵皮加蓋、違章建築林立，毫無整體規劃

登陸史瓦巴特群島。

和環境美感可言。

史瓦巴特群島一帶，是北極熊出沒最頻繁的地區，我們乘著小艇，繼續跟隨法國籍探險領隊Delphine沿著Ckrosfjorden峽灣航行，追尋熊跡。雖然此趟只看見寥寥幾隻熊，但北國豐富的動、植物生態教人驚嘆。

三趾鷗（Black-legged Kittiwake）悠游波光水影間，隊員衣著的鮮豔色彩倒影如水舞，妝點著這片寧靜的世界。寧靜中，偶爾傳來一陣冰塊的迸裂聲，緊接著，是嘩啦啦水花四濺的聲音。

每天搭乘小艇巡遊，都有意想不到的驚喜，各種鳥兒從天飛過，與我們一同遨遊冰海，海象慵懶地享受日光，偶爾可見北極熊在小島上漫步。

最讓人驚豔的是一座海鳩（Guillemot）棲息的「摩天城堡」，我仰望六十萬對海鳩，塞滿高聳崖壁中的岩縫，吱吱嘎嘎的鳴叫聲，震天迴響。

海鳩生著短尾，翅膀又窄又短，以魚類

位於斯匹次卑根峽灣邊的長年市，美得像是繪本中的童話小屋。

三趾鷗自在地悠游波光水影間。

我們乘著小艇沿著峽灣航行，追尋熊跡。

60萬對海鳩棲息高聳崖壁，有如「摩天城堡」，岩縫塞滿了鳥。

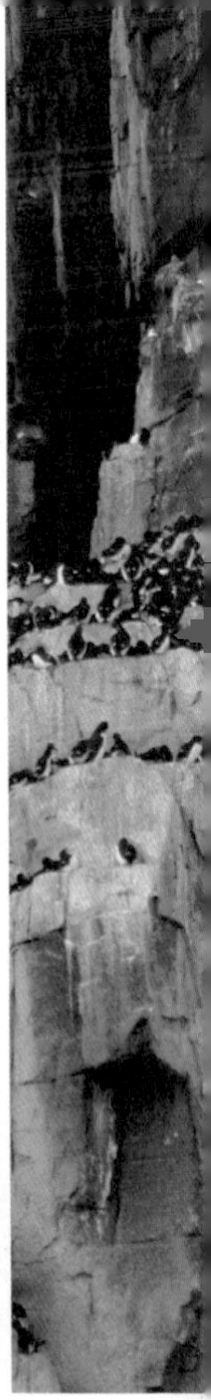

當海鳩站在浮冰時很像企鵝，雖不擅長飛行，但卻是潛水健將，最深可潛至100公尺深。

和海生甲殼動物為食。據說，海鳩的蛋演化成梨形，是為了方便將鳥蛋直接產在海岸旁的懸崖邊緣上，不易因滾動而落海。這種特殊的蛋型，動力學結構使之滾動時不會直線滾走，反而像是陀螺般緊繞著環形滾動，如此一來，儘管風特別大，海鳩的蛋也能像不倒翁一樣，不容易被風吹跑了。雖然造物如此巧妙，豈知山崖的另一面，可能還是會有北極狐悄悄地來偷蛋。低下頭來，卻見北極鷗（Glaucous Gull）正在崖底享用美食，想必牠是趁小海鳩從岩壁飛落時，迅速劫持。而笨拙碩大的北極熊如果餓慌了，也是可能冒著失足墜崖的危險，小心翼翼地順著百米高的崖壁爬下來，闖入海鳩的地盤飽嘗美味的海鳩和鳥蛋。

苔原之島
一趟豐富的生態巡禮

我們登陸安多雅（Andoya）苔原之島漫步，探險隊長一路為大家解說地貌及生態。大家亦步亦趨跟進，隊伍前後各有一人荷槍實彈保護，可千萬不能自由行動，因為北極熊隨時可能出現！

有一次，看到皚皚冰雪上一團腥紅殘體，怵目驚心，那是遇害的北極熊的殘骸，飛鳥正在啄食牠的內臟。弱肉強食，生物界的食物鏈，有其令人黯然的幽暗。

另有一件印象深刻的事，是有一回我在小島上拍照，被鳥攻擊！那時我看到一隻鳥兒鼓翅急飛，作勢彷彿要襲擊隊友，我連忙向隊友喊話，「鳥要啄你了！」

沒想到劇情大逆轉，鳥兒聲東擊西，原來我才是真正的被襲擊目標，可能是我不小心驚擾了地上正在撫育幼雛的母鳥，牠振翅疾速飛起，來勢洶洶的朝我

探險隊長從血腥的畫面上推斷，如果我們提早1個小時抵達此處，有可能見到幼熊被啖食的鏡頭。

作者與團員一行人登陸安多雅苔原之島。

衝過來。

我專注於攝影視窗的方寸間，對身處的險境渾然不察，母鳥竟怒氣沖沖飛攻我的頭部，直到拍翅聲在耳邊響起，我霎時驚醒，才閃躲過了一劫。

我們也曾巧遇兩隻馴鹿，忙著在短暫的夏天啃食地上的青苔。想起了影片上曾看過馴鹿每年一次的遷徙，牠們邊走邊吃日夜兼程，向北方行走長達數百

一對鳥兒鼓翅急飛，作勢彷彿要襲擊隊友。

原來忘情拍照的我，才是鳥兒的頭號敵人，因為太靠近正在孵育幼雛的一窩鳥，險遭母鳥攻擊。

北極馴鹿公母都有鹿角，為適應北極的氣候，耳朵和尾巴變短以減少體溫流失。

公里，這畫面該是多麼壯觀。但是，我們人類造成的全球暖化，卻讓北極地區的溫度節節上升，使雨季加長、雨量增加，苔原變得更加泥濘，屆時更不利於馴鹿的遷徙。

另外大西洋善知鳥（Atlantic puffin）也令人印象深刻，這麼卡通造型的樣子很難讓人相信牠是活生生的真實鳥類，善知鳥又稱為「海鸚鵡」英文名Puffin，是大西洋特有的鳥種，牠身軀嬌小，羽毛黑白分明，巨喙鮮豔奪目，紅、白、黑的顏色頗具漸層效果，臉部活似帶著面具的可愛小丑，但牠可是潛水高手，可下潛至七十公尺深去抓魚。有時一次超過十隻，會快速飛回巢穴，哺育幼雛。

我們踩在永凍的土地上，燦

海鸚鵡的嘴和腳的色彩鮮豔。體長約32公分，體重約380公克。

爛的陽光已褪去了地表的冰雪，苔原換裝成綠色青苔衣裳，生機遍佈，可別小看了這些苔蘚植物，「一支草，一點露」，這些不起眼的植物雖然結構簡單，卻能夠適應沙漠、極地、沼澤等多種生活環境，是許多極端環境的開拓者。

苔蘚植物的葉片一般只有單層細胞，沒有保護層。這樣一來，外界氣體就可以輕易侵入葉片。苔蘚植物對大氣及重金屬的污染反應非常敏感，是種子植物的十倍。因此成為良好的「生物指示劑」，包括二氧化硫（SO_2）、氯化物及一些重金屬離子都可以被苔蘚植物顯示出來。此外，迷你的小花草抓緊了短暫的夏天成長開花，世界最小的樹（Salix minuarfa）努力吸收營養，只長兩公分就開花了。我們腳底下的土地底層終年結冰，不久後冬季來臨，整個苔原都將被冰雪覆蓋，又恢復一片荒涼，週而復始的生生滅滅。

一趟豐富的生態巡禮，讓人感動於生命的美好。我們的探險隊長是生態學碩士，她曾說：「在地球上，僅少數淨土之一的環境下，與野生動物將近十八個月的相處，將改變你對生活遠景的觀點。」的確，親身走一趟北極，親眼目睹北極的壯美，親自感受在這般生存條件惡劣的環境中，牽一髮而動全身。每種動植物都把握著僅有的機會，努力的存活，生命的堅韌著實教人感動，也讓我深刻感受佛法中的「眾生平等」與「因果律」。如果我們繼續以人類為中心，無法謙卑的與世間萬物和平相處，只顧短期經濟利益，犧牲動、植物等生命的生存權利，而冰蓋融化和化學污染的現象得不到控制，那麼北極熊和北極的所有動植物，都將成為一種傳說，那麼人類又將如何呢？近年來的水患、天災不斷，不正就是大自然的反撲結果？

探險隊長為大家解說地貌及生態。

迷你小花草抓緊短暫的夏天，盡情成長開花。

Part 2

極境之極

世間一切事物就像極光般，
夢幻生滅，變化無常；
心念，也是如此的生滅、無常

剎那是永恆

夢幻極光旅行

那年，我參加世界旅遊攝影會的北國之旅，先往魁北克飽覽滿山滿谷楓紅的壯美，再赴多倫多接受尼加拉瓜飛瀑的洗禮。楓紅飽滿的色彩，對比北極的藍與白；瀑布澎湃洶湧的動感，對比北極海與冰的寧靜，彷彿入境北極前，一縷人間的留連和淨化。

魁北克楓紅，滿山滿谷，數大壯美。

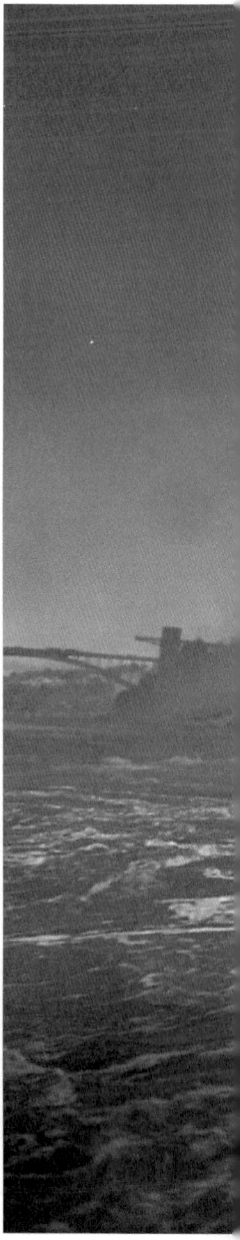

尼加拉瓜飛瀑，澎湃洶湧。

揮一揮衣袖，隨即遠征北極，降落在加拿大最北端的海港小鎮邱吉爾市（Churchill），期待入夜後與極光的第一次約會。從晚上九點半到半夜十二點半最有機會欣賞極光，那一夜攝氏零下二十度，晴空萬里星斗滿天，儘管疲憊，在凜冽寒意中，我架起了三腳架和相機守候著，直到夜裡十一點半才看到天際一線幽微魅光，興奮的準備要拍了，它卻俏皮的消失，隔一會兒又游絲一亮，存心逗弄我們這些南國來的仰慕者。

幾番飄忽不定，幽幽渺渺，逗得人心癢。受不了寒凍的團員，紛紛收起裝備回客棧，只剩我和領隊吳文欽獨守夜空。寧靜中，月亮在地平線上移動，如此的近，我與月亮相對互視，像是他鄉遇故知。約莫凌晨一點半，前方建築物上飄出一縷光絲，擴散，再擴散，夜的蒼穹逐漸染滿了綠色，極光彷彿不負癡等，悠悠婉婉地出現了！

兩個人突然心臟狂跳，我更是激動得連手電筒也找不著，不小心快門線又掉落下來，一陣手忙腳亂，恐怕極光也在偷笑了。折騰一番後終於鎮定下來，捕捉極光無垠的空間，極光也不吝嗇，膨脹到廣角鏡都收納不了。

極光，像夜空飛降一縷霓裳羽衣，又像仙女輕揮彩帶，半透明如紗的青光自在起舞，輕盈曼妙，難怪愛斯基摩人認為，極光是天空中的聖靈之舞。古代，地處北極圈內的芬蘭人卻稱極光為「狐火」，因為那裡是北極狐的故鄉，當人們看到漫天的流光溢彩，就認為那是一隻隻皮毛閃閃發亮的北極狐在芬蘭北部山區四處奔跑嬉鬧著。而從古希臘直到羅馬帝國，人們都相信極光是戰神手執盾牌上射出來的光芒，每當地球上發生一次戰爭，戰神就持著盾牌，帶領天兵天將把戰死在沙場上的亡魂護送到奧林匹斯山上的英靈殿中。

傳說美得讓人無法想像，北極光這來自地球之外的訊息，竟是太陽風無數的帶電粒子流，與地球磁層壯烈的衝撞。在這當下，突然可以領會物理學家嘖嘖稱奇的物理之美了。

青光幽幽灑下，忽暗又忽明，時而集中，時而淡散，色調有時冷艷，有時火熱。下圖為BBC駐紮的營地。

此外，第五次北極之旅我也曾在瓦挈小屋附近拍到極光奇景。

每年三月，太陽重回極地，北極光也開始在黑暗的天際舞動。加拿大靠近北極的地區，是全世界觀賞北極光的最佳去處（行家評為the best of the best）。太陽活動以十一年為一個周期，反覆出現極

極光的美，是如此飄忽清靈，恍如幻影。

大期和極小期，那年適逢周期的最高峰，北極光的活躍達到頂點，有幸來到這裡，豈能錯過！

我計畫得「很好」，帶了二組相機，準備一面錄影，同時加上拍照。當那令人目眩神馳的光彩景象出現時，室友好心招呼我：「陳老！出來了！」我抓起三腳架就衝過去，一陣眼花撩亂，手忙腳亂，光圈、ISO值、速度全都亂了套。這臨場的慌亂已夠教人沮喪了，回頭竟然找不到錄影機！茫茫黑夜裡來回找尋，根本看不到錄影機，無奈之下也只能放棄，沒想到當初招呼我的北京室友寧永峰，居然鍥而不捨的幫我找了回來。回到寢室，北京首鋼胡斌總經理見我一臉的沮喪，拍拍肩膀安慰我說：「放心！我拍的照片會拷貝一份送給你。」北方男兒豪爽大方的氣概表露無遺！

然而世間一切事物就像極光般，夢幻生滅，變化無常；心念，也是如此的生滅、無常。回顧自己的一生，從小到大歷經的種種變遷，過去的種種如今又如何？全如一場夢幻，剎那生滅。

極光　知識補充包

- 北極光（Aurora）一詞源於希臘文，傳說為希臘神話「黎明」的化身，在部分北極原住民心目中，它也是鬼魂引導死者靈魂通往天堂的火焰。
- 觀賞北極光最佳國家：加拿大（北端）、美國（阿拉斯加）、俄羅斯（西伯利亞）、格陵蘭與挪威（北海岸）。
- 位於阿拉斯加的菲爾班柯（Fairbank）小城有「北極光之都」之稱，全年超過兩百天出現北極光現象。
- 觀賞最佳時間：夜晚十點～凌晨兩點。北極光有時持續將近一個小時。
- 北極光展示寬廣面積度一般為八十～一百二十公里，但最大幅度可達一千公里。

邱吉爾鎮
北極熊的故鄉

回想第一次遇見北極熊，是在西元二〇〇三年十月，初訪北極圈時。

「啊！北極熊。」凍原車上一陣驚呼，幾雙腳在車上左右移動搶鏡頭。一隻步履蹣跚的北極熊，在邱吉爾小鎮附近的海埔地閒晃，這是我第一次親眼目睹北極熊。

邱吉爾小鎮（Churchill）位於加拿大哈得遜灣西岸，屬於曼尼托巴省（Manitoba）的城市，僻處北極圈，是一個加拿大東北方寧靜的古老小鎮，資料顯示截至目前為止約九百多個居民集中住在鎮上，鎮郊南方廣大的凍原，是北極熊遷徙的動線，也是北極熊繁殖的聚落。每當海豹獵食季，北極熊聚集此處，邱吉爾鎮彷彿成了全球北極熊的首都，更是生態旅遊愛好者心目中的北極熊故鄉。

邱吉爾在地理上全年有三個季節：七月、八月和冬季。冬季氣溫達零下三十度。但在遊客心中，其實有四個——花鳥季（六～九月）、白鯨季（七～八月）、北極熊季（十～十一月）、北極光季（十月～三月）。

每年九月底到十一月，分散各處凍原的北極熊，陸續抵達邱吉爾鎮，肥美膏腴的環斑海豹正在哈德遜灣愉快地嬉戲，不知威猛的掠食者將踏雪而來，躡冰而至。

我們搭乘超高吊四輪驅動凍原車前往極地邊緣尋覓，倚著凍原車上的小窗，近距離拍攝北極熊，欣賞凍土風光與植被生態。凍原車的座位約三、四十人，真正適合攝影的位置是在後車斗，不過，只可容身八人左右，因此這個彈丸之地就成了好攝之徒兵家必爭之處。後車斗除了是近距離賞熊、

邱吉爾僻處北極圈，是一個寧靜的小鎮。

拍熊的最佳平台之外，在此也可有趣地觀察人性，通常西方人較會顧慮別人，拍完後自動退位，禮讓他人，東方人較自我主義，爭先恐後，不顧慮他人感受。

北極熊本性並不喜歡接近人，但近半個世紀以來因觀光頻繁，小鎮一帶的北極熊早已熟悉人的氣味，因而減少對人類的敵意，可以乘車近距離拍攝。

三天來出入凍原，只看到五隻北極熊。我看著已經餓了三、四個月的北極熊，楚楚可憐地盼望著溫飽，在這個毫無依靠的荒白凍土上，只靠身上儲存的脂肪過活，一隻隻顯得消瘦，無精打采，或在地上嗅聞動物氣味找食物，或向我們張望。

有一回，遇見北極熊母子，我們盡情的欣賞牠們嬉鬧、打滾、親舔，許多溫馨的畫面。另一次，遇見北極熊身旁跟著一隻迷你的「小跟班」，定睛細看，原來是隻北極狐，緊緊尾隨著北極熊，期望能分一杯羹，撿拾吃剩的食物。

這些可憐的北極熊飢腸轆轆，極需堅冰作為平臺才能捕食海豹，只能等待十一月吧！等待哈德遜

邱吉爾鎮　知識補充包

- 歷史：三千五百年。
- 人口：九百人。
- 面積：二十二點三平方公里。
- 地理位置：邱吉爾河和哈德遜灣匯口，距溫尼伯十九公里，拿大曼尼托巴省。距哈德遜灣四十五公里。
- 戰略位置：二戰，美國建立了戰略空軍司令部（SAC）基地。
- 觀光資源：四季生態旅遊。
- 建設：室內遊樂場、日托設施、冰壺場、舞台、保齡球館、健身房、游泳池、圖書館、比薩餅客廳、三百座位的劇院、幼兒園到十二年級的完全學校。

凍原車可駛上凍原而不刮傷凍原，因為一旦凍原土受傷，需要好幾年才能恢復。

凍原車是軍用鏟土機改裝而成，輪胎2公尺高，車身重量
平均分布，輪胎的低壓只比人的腳步略重。

北極狐的特性喜歡跟在北極熊身後，北極熊若有吃剩的食物，北極狐馬上撿拾來吃。

灣的海岸結冰，等待海豹群一一回到岸邊，才能順利獵食直到足以過冬。

BBC曾在凍原耐心等候，想拍北極熊和北極狐之間因為生存關係產生的互動，可惜苦候多天仍拍不到北極狐；前幾年我在邱吉爾，僅僅兩天時間，就拍到北極狐隨著公熊亦步亦趨的畫面，真是手到擒來，全不費工夫，令我喜出望外，樂不可支！

北極狐　知識補充包

學名：Alopex lagopus
別名：雪狐或白狐

白狐體重二點五～四千克，體型較小而肥胖。嘴短，耳短小，略成圓形。腿短。北極狐的腳底上長著長毛，所以可以在冰地上行走，不打滑。每年二～五月發情交配。懷孕期為五十一～五十二天。每胎產六～八子。壽命為八～十年。被人們譽為雪地精靈，白狐分布於北冰洋的沿岸地帶及一些島嶼上的苔原地帶，能在攝氏零下五十度的冰原上生活。白狐會跟蹤北極熊，撿食北極熊所吃剩的殘羹飯菜。北極狐的食物包括旅鼠、魚、鳥類與鳥蛋、漿果和北極兔。

北極霸主

北極熊雄壯又威武

回想拍攝極光時，我們整夜專注夜空的變化，卻忽略了身旁致命的威脅——北極熊！當時已是午夜一點，我們並沒有任何防範的措施，如果遇到北極熊，必然陷入險境。事後回想，令人心有餘悸。為了安全起見，在夜裡拍攝極光，軍用雷射光筆、哨子，可以嚇阻北極熊。

北極熊是陸地上最大的肉食動物，公熊體重可達四百一十～七百二十公斤，母熊也有一百五十～兩百五十公斤，四足站立約兩百二十～兩百四十公分高。由於體型龐大，走起路來搖搖晃晃，比一般哺乳動物要多耗兩倍體力。牠們行走的速度不急不徐，約時速五點五公里，奔跑起來的時速雖有四十公里，但不耐持久。

北極熊身上的毛有兩層，外層光滑而長，內層短而密，兼具保溫防水功能。毛色雪白，透出一股威武高貴的氣質，向來被視為加拿大尊貴的象徵，牠們的圖像甚至榮登加國面額二元的銀幣和郵票上。

裸岩處處的冰原上，一隻北極熊獨臥冰雪中；孤寂的身影，似乎在哀嘆著。

北極熊有「北極霸主」之稱。

北極熊的圖像榮登加拿大郵票。

全球暖化影響下，北極融冰增多，一隻北極熊在融冰處的水邊仰頭遠望，好像在詢問：我的未來在哪裡？

北極熊顯露出威武高貴的氣質。

北極熊　知識補充包

- 哺乳肉食動物。
- 公熊體重可達四百五十公斤，身長約三百公分。
- 母熊體重可達兩百二十五公斤，身長約兩百五十公分。
- 野生北極熊壽命約二十五～三十年。
- 熊毛為透明中空管狀，經陽光折射，呈現白色。
- 手掌巨大，爪子銳利，可以一掌擊碎堅厚的冰塊。
- 四掌肉墊肥厚，加上趾毛，有利於雪地及冰上行動。
- 趾間有微蹼，利於撥水。北極熊游泳，以前肢做槳，後肢合併為舵，敏捷迅速。
- 北極熊奔跑時速高達四十公里，雖不能持久，但足以令獵物無所遁逃。

險些國際衝突的空中狩獵

在抵達正北極九十度的前一天（二〇〇六年七月二十日），有段小插曲：當航程已迫近地球頂點時，大家準備在甲板上狂歡，舉行通宵達旦的慶祝宴會。下午，探險隊長Laurie Dexter臨時廣播，說要增加一個餘興節目：「空中狩獵」（尋找目標），讓大家分批搭直昇機在空中巡曳。隊長面露神秘的說：「看看我們能拍到什麼？」

直到晚上的餐宴，只有兩個人舉手，都說看見了潛水艇！隊長Laurie Dexter這才宣佈謎底。原來，俄羅斯籍的船長Alexandir Lembrik透過望遠鏡早已經發現那艘船，曾向俄羅斯國防部詢問，確定附近海域並無俄羅斯潛水艇巡航，猜想應是美國的核子動力潛水艇，航行到了北極海公海。為表示友善，隊長曾向他們自我介紹，說明我們的來歷與目的，試圖與對方通話，對方卻詭異的回應：「我們已跟蹤你們兩天了！」故弄玄虛。我們的隊長也頗有大將之風，輕鬆大方的表示，我們船上正要舉行宴會，有醇酒和美女，邀請對方來船上同樂，但他們始終不予理會，潛艇也跟著潛入海中。

這位足智多謀的隊長心血來潮，臨時起意，安排直昇機進行「空中狩獵」的活動，等到對方發射信號彈警告，隊長可能感覺事態嚴重，才停止直昇機盤旋活動。

公海海域上，兩船相會應彼此自報身分，作為基礎的溝通。若這艘潛水艇真的是美國核潛，在公

遠方出現會移動的黑點，從望遠鏡看去，竟是一艘潛水艇。

海海域巡航，可能是為了避免刺激俄國，不想讓俄國有受到威脅之感，因此不肯暴露身分吧。解除緊張之後，我們才在艦橋上熱鬧哄哄的辦起狂歡宴。

北極的風光有種寧謐之美。

另外，這趟旅程中，曾搭直昇機登陸俄屬領地的三個小島。途中常見廢棄的氣象站，木屋殘破，人去屋空，只留二名衛兵站崗。可以想見前蘇聯解體後經濟蕭條，俄羅斯已無力維持偏遠的氣象站。教人不禁感嘆昔日世界最強的「老大哥」，曾以強權凌駕附庸國，如今帝國解體風光不再。美國這自以為是的國際糾察，就像眼前的潛艇闖入俄羅斯後門，氣焰囂張。大國對峙的時代已經過去，儘管兩國間表面上談和平、減核彈，但彼此之間仍互相不信任，缺乏互信的基礎。

就現實面來看，各國政府對北極地區的你爭我奪更從沒有停過。全球暖化加速北極地區冰層融蝕消退，使穿越北冰洋、連接大西洋與太平洋的亞歐水路捷徑「西北航道」再度暢行無阻，也為勘採北極海床的豐富石油與礦物資源開啟方便之門。加拿大、美國、俄羅斯、挪威、丹麥五個宣稱擁有北極海床主權的北冰洋沿岸國家，為維護在該地區的利益頻頻出招較勁。

作者在俄羅斯氣象站和衛兵合影。

快要接近正北極九十度前，舉行的狂歡宴會。

搭乘直昇機賞景或登陸，是大家最興奮的事。有時是為欣賞破冰船破冰而行的實景，有時是為俯瞰佛蘭斯約瑟地群島，有時是登陸小島參觀廢棄的氣象站。

島上俄羅斯的氣象站都已廢棄，可以想見昔日世界之強的帝國現已沒落，風光不再。

超級幸運！

一天遇七隻北極熊

第二趟遊北極，有一天，前往北極正九十度的航行中，聽到廣播：「左前方十點鐘的方向有北極熊。」眾所期待的明星終於出現了，大家興奮的拿著相機奔向甲板。

為避免驚嚇到北極熊，船長停船並關閉發動機引擎。經驗法則告訴船長，有幾隻好奇的熊，應該會主動朝著船走來。果然牠們翻動厚重的腳掌，在冰上敏捷而穩重地邁步。

那一天，我們共看見了七隻熊！幸運的七隻！

走過這條航線十七次的船長，興奮的恭喜我們：「Lucky 7! 太幸運了，一天之內看到七隻，這是少有的經驗。」據他說有幾次航行北極，一隻也看不到，他也很夠意思地在此停留兩個小時，讓我們一次拍個夠！

在船上，距離北極熊如此之近，讓我們這一團攝影饕客更加狂喜，喀嚓喀嚓的快門聲，響爆在耳膜上。我的心情也無比亢奮，但過度亢奮卻亂了方寸。我只帶了長鏡頭，像這樣機會難逢的時刻，標準鏡頭、廣角鏡也不能少，當我衝回房間找鏡頭再出來時，好的攝影位置早被搶走了。東看看西看看，好不容易喬出個位置，卻又手忙腳亂，忘了使用連拍功能。我雖然也拍到了一系列北極熊在浮冰上跳躍的珍貴畫面，可惜未使用連拍功能，否則應該還可拍到更多的動感照片。

北極熊彷彿嗅到食物味道，慢慢靠近船隻覓食。可憐的北極熊頻頻張望一小時多，
期盼填飽肚子，可是期待仍然落空。

作者在船上空拍到北極熊在浮冰之間，迫不及待，瞬間縱身一躍的珍貴畫面。

拍攝北極熊時，發現熊兒飢腸轆轆，心想如果能夠餵食牠們，或許就可以少死幾隻熊，何況北極熊還是瀕臨絕種的動物！可歎的是，禁止餵食明令在前，人們寧可看牠活活餓死，也不許餵食！我無可奈何，卻不解為什麼人們對待動物總是雙重標準。在美國、加拿大嚴冬時，鳥兒覓食困難，很多人家會準備餵鳥器，讓鳥兒好過冬，免於飢死、餓死，日本的北海道有一個國家公園，冬天定時分兩次餵食丹頂鶴；同樣的情況，對待北極熊卻以鐵石心腸，置之死地而不顧。

我們在船上盡情地欣賞海冰上的北極熊，牠們渾然不知自己是最上鏡頭的模特兒。有時北極熊就在船腳下張望我們，或是站起身來嗅聞，不知牠是對人類與大船產生好奇？或是因為船上食物的味道聞香而來？

一隻母熊走近公熊，彼此嗅聞一番，可惜不來電，各走各的路。

我們在北極九十度 見證奇蹟

北極，予人一股和平而寧靜的感覺。尤其，當置身在正北極九十度，地球的最頂點，一處平坦冰冷的白茫茫大地上，心境卻是如此寧靜與平靜，我見證著一場和平的「奇蹟」在此發生！

還記得西元二〇〇六年夏天，我第二趟探訪北極。從俄羅斯北方巴倫支海（Barents Sea）的摩爾曼斯克（Murmansk）啟程，乘核子動力船YAMAL號向北長征，穿越北極海，筆直航向地球之頂——正北九十度。

破冰船停止前進時，大家群起歡呼，「我們到了！這裡就是地球之頂了！」經由衛星定位，找到地球正北

破冰船抵達北極正90度。

九十度極點的位置，我站在剛插上的「NORTH POLE 90°N」立牌旁，頭頂上飄揚著團員十五個國家的國旗，彷彿登高山攻頂成功，大家都興奮激昂。來自各國的七十六個團員陸續下船，齊聚於地球之頂。悠揚音樂的慶祝氛圍中，大家手拉著手，在白色大地上圍成一個大圓。此刻，每個人的心頭上，像似有一根拉緊的琴弦，一種強大的凝聚力，感動著我們。

可是，慶祝的儀式一直還沒有開始。

船長宣佈說：「請等一等，有一對特別的夫婦……」一會兒，四位船員用擔架抬來一位老先生，是來自美國高齡八十多歲的史密斯老先生，因中風不良於行。而他的胖太太琳達也小心翼翼的走在冰滑的雪地上，一步步蹣跚而來。這幅動人的畫面，讓大家的心更加溫熱了。

船長介紹不良於行的史密斯夫婦。

在〈We are the world〉（四海一家）悠揚歌聲的慶祝氛圍下，
大家手拉著手，在白色大地上圍成一個大圓圈。

史密斯被抬進我們的圓圈裡，在左右各一人攙扶下，雙臂被架而站起身，他堅持，就算拄著拐杖，也要加入我們的圓，好好的站在地球之頂上。當樂聲奏起時，奇蹟出現了！他竟不需旁人攙扶，光靠左右兩邊牽手的力量，自己站立，和大家一塊走步！他身邊幾個團員都被他的意志感動，激動得大喊「哈利路亞」！每個人紛紛報以讚嘆和鼓勵的眼光。我一直相信這世界上是有奇蹟的，個人強烈的信念，和眾人因愛而發出的強大願力，有時會產生不可思議的力量！在這地球的頂點，我真實的見證了奇蹟發生！

大家手牽著手，跟著探險隊長的口令：「向左走兩步，腳下是加拿大」，「再向右走幾步，腳下是格陵蘭」，「再稍稍移動一點，腳下是冰島」，「再走幾步是俄羅斯的領地」……我們好像是一群卡通小矮人，踩在巨大的地球儀上，向左走，向右走，百步之內就把東經一百八十度和西經一百八十度走遍了。

這一個大圓裡，來自地球上不同角落的團員們，手牽手圍繞著世界之頂。對我們這些大多半百以上的「老頑童」而言，這一個圓，彷彿重溫了純真的童趣。再從世事滄桑的角度來看，這一個圓，正象徵人類永恆的追求——和平。

其後又一日，我們的船意外遇見一艘柴油動力船，兩船相逢在夏季朗朗白晝的北極海上，彼此一番激動，大肆鳴放汽笛，雙雙來個喧囂的招呼。兩船上的人，既不能行握手擁抱之禮，只得滿腔熱血的呼叫、揮手、吹口哨。「久違了，人類同胞」！儘管不是他鄉遇故知，甚至，彼此看不清面目，但在這寂天默地的冰凍中，彼此豪放溫情，多麼溫暖。兩船相迎又相送，彷彿上演徐志摩的〈偶然〉：「你我相逢在黑夜的海上，你有你的，我有我的，方向。你記得也好，最好你忘掉，在這交會時互放的光亮。」

我們的船意外遇見一艘柴油動力船，彼此隔海送暖。

冰海荒原地
釋放赤子心

「Where are you?」希望在北極認識的這位女畫家，能聽到我的呼喚。

北極之旅，來自世界各地的團員有教師、科學家、生物學家、醫師、畫家、大企業家，甚至是美國眾議員，大家齊聚一堂，其中不乏閱歷豐富、叱吒風雲的佼佼者。有位在美國俄亥俄州任教的女畫家讓我印象深刻，她總是一個人帶著畫具，靜靜地在冰冷的雪地作畫，在她的彩筆下，北極格外有種攝影所傳達不出的風貌。

有次，我一個人走向空無一物的薄冰之地，這樣的地方對於一般旅人而言毫無吸引力，但是對於畫家和攝影家而言卻是個創作天堂，因為在這裡可以心曠神怡，可以找到最璞真、最原始的感動。但是只有少數人會進入這樣的危險禁區，我戰戰兢兢地走過去，走著走著就看到她正在作畫。我向她打招呼，心想唯有獨具慧眼，性情相近者才會如此有志一同吧！

美學家朱光潛說過：「藝術的功用如果是忠實地模仿自然，既有自然，又何須藝術！」攝影是比繪畫更忠實、直接地模仿自然、顯現自然，然而繪畫卻可表達出攝影所相對較難以表達的情緒、感受。有一次我讓她看我相機螢幕，瀏覽我鏡頭下的北極，她看過後甚是喜歡，說她畫畫時只能狹隘地在定點觀察、工作，不像我攝影可以來去自如，以各種不同的角度去呈現北極之美。她希望我回國後，能寄些攝影作品供她欣賞和回味。

這位女畫家作畫除了興趣外，也是為了募款做公益，這一點倒是和我意趣相投，理念相合，我就應允了。她給了我連絡住址，可惜我不小心遺失了，之後的幾次北極行卻未見芳蹤。

人海茫茫，緣散容易緣聚難，希望有天她和她的朋友如有機會看到這本書和照片中的她，通知我們一下！

南北極之旅常遇喜愛畫畫的團員。

這位女畫家站在冰冷的雪地作畫，將眼睛所見一筆一畫的記錄下來，讓人印象深刻。

俄羅斯核子動力船YAMAL號的船長Alexandir Lembrik個性內斂。

加拿大籍的探險隊長Laurie Dexter意志力令人懾服。

回想多次乘船破冰長征極地，目睹浩瀚無垠的大冰洋，讓人感嘆世界之大，然而，在冰海荒原中，人與人之間的距離卻是那麼的近，每個人坦然釋放赤子真情，也許，正因這裡擁有著強大的磁場，彰顯了人類返璞歸真的心。

我印象深刻的人物之一，是第二趟長征北極正九十度時，俄羅斯核子動力船YAMAL號的船長Alexandir Lembrik。瀟灑內斂的他，總是彬彬有禮，說話帶點官方的客套和謹慎，有時候甚至是實問虛答。有一回團員問他曾任蘇聯總統的戈巴契夫「聲望如何？」他技巧地反問：「你說呢？」然後才說：「政治人物總有好的一面和不好的一面。」有人問他：「你長得英俊瀟灑，萬一有工作人員愛上你，怎麼辦？」他淺露笑意的答：「但願我有這個機會，我不會拒絕。但是，我五十一歲，太老了，會有人看上我嗎？」

船長的性格，正是俄羅斯人的典型代表，深沉而內斂，帶有另類的黑色幽默，不像老美浮躁而誇張的幽默方式。他知道我寫過一本《夢想南極》的書，特別邀請我去艦橋參觀，為我解釋儀表板，並親自教我如何「掌舵」，還請副船長為我拍照，這種禮遇，令我受寵若驚，也讓我見識到他熱情的一面。過去，很多人把俄羅斯人視如北極熊般的凶悍，與船長近距離接觸，才澄清長久以來的偏見。

第二個令我印象深刻者，是此趟旅行的探險隊長，加拿大籍的Laurie Dexter，最讓我驚嘆的紀錄是在他六十一歲那年，帶領十二名團員，以四個月時間徒步橫跨北極圈，從加拿大走到俄羅斯在北極的基地，其中一名團員甚至因凍傷而鼻子潰爛。這趟光榮的壯舉，曾獲戈巴契夫總統接見。但他最遺憾、也最幸運的是，長達四個月的北極行腳，竟沒有遇見一隻北極熊！他第二項傲人紀錄是，曾經二十四小時不眠不休的騎自行車，沿途只喝水不進食。

親身接觸這位探險家，讓我生起一股崇敬之心。或許是探險家的意志力令人懾服之故，況且崇拜英雄是人類的天性啊！他們做到了一般人做不到的事，成為眾人精神上的力量，以及追求的目標。

在世界的盡頭
看見真實的感動

北極正九十度的慶祝活動結束後，大家紛紛鳥獸散，破冰船周遭完全「淨空」，放眼望去，背景乾乾淨淨，這是拍攝個人生活照的絕佳背景。一般拍個人照，常忽略背景的重要性，其實有些背景本身就會說故事。我把握住難得良機，和台灣五位團員相互拍照，或者與破冰船合照。

不過，我意猶未盡，獨自繼續向前走，遠遠看去有個人影，原來是女畫家正聚精會神地作畫，再度相遇，這回我沒有打擾她。但是我想要尋幽訪勝的心意沒變，我拿著手杖敲敲冰地、聞聲辨色，抱持著戰戰兢兢，戒慎恐懼的心情前進。

這樣空曠的地方對於一般旅人毫無吸引力，但對於畫家和攝影家而言卻是個創作天堂，此情此景讓我想起了二○一五年入圍奧斯卡獎的紀錄片《薩爾加多的凝視》（The Salt of the Earth），內容是德國電影大師溫德斯（Wim Wenders）在片中追隨當代攝影大師薩爾加多（Juliano

Ribeiro Salgado），前往世界的盡頭，用鏡頭深入探索人類貧民窟、地球赤裸裸的原始風貌。

兩位大師加持的影片自然是引人入勝，故事精彩無比，卻也深具爭議性。其中溫德斯的電影旁白，讓我印象深刻，他指出以攝影（Photography）詞源來說，Photography由希臘文phos（光）與graphi（寫作或繪畫）兩個單詞組成。希臘原文：fotografia即意謂著以光寫作或繪畫。

北極正九十度這一片空無一物的薄冰之地，有著最純粹的光、最純粹的影，它彷彿印證著電影畫面的真實不虛。表面上看似一望無際，一無所有，仔細觀察卻又發現它深廣、遠近、高低一應俱全。

在這裡，心曠神怡，可以找回最璞真、最原始的感動。

在這裡，放眼望去，純白的大地，晶瑩透亮，像面鏡子一樣，可照見自己，印證莊子「至人之用心若鏡」。

站在空空如也的極境冰地，心靜如水，空空朗朗。我想起金剛經的「無住生心」，不教任何事停留心裡，也不被外境所轉。深切感受人生在世，功

慶祝活動結束後，大家鳥獸散，這時才有機會與破冰船合照。

一片白茫茫的大地，可以洗滌身心靈。

名利祿，榮華富貴，轉眼黃粱一夢，終歸於空。

明朝的悟空禪師有一首〈萬空歌〉：

天也空，地也空，人生渺渺在其中；
日也空，月也空，東昇西墜為誰功；
金也空，銀也空，死後何曾在手中；
妻也空，子也空，黃泉路上不相逢；
權也空，名也空，轉眼荒郊土一封。

〈醒世歌〉末了也說：「人生好比採花蜂，採得百花成蜜後，到老辛苦一場空！」先人用生命體會而來的人生智慧，化為朗朗上口，平易近人的勸世歌，警惕著後人：「萬般帶不走，唯有業隨身。」置身北冰洋如鏡子般的極境之極，心靈塵垢獲得了洗滌，身心靈體驗到「過化存神」、「無住生心」的和諧美妙，獲得解放和愉悅，對生命的意義似乎也有更深一層的理解。神奇的是，這時候的思惟獲得了類似打坐般的效果，敏銳度提升，如同數位相機的三百萬畫素頓時升級為三千萬畫素，正向能量更是有如被充了電般，一波波源源不絕而來。

我充分感受甚深安祥，面帶微笑地走向返回船上的途中，大大的吸一口氣，希望吸盡宇宙滿滿的正向能量。走著走著，回頭一看，一幅奇特的景象震懾著我，皚皚冰地的上空因為卷層雲的關係出現彩虹狀的白色光暈輪廓，前方又有破冰船影子。我不假思索，按下快門，為這一天劃下美麗的休止符。

北極正九十度豐富了我的人生行旅，真是永誌難忘的一天！

皚皚冰地的上空出現彩虹狀的白色光暈輪廓，前方又有破冰船影子。

只有少數人前往空無一物的薄冰之地。

又是她在作畫。

Part 3

凍原覓熊

凍原看似平坦，積雪看似輕柔，實則溝壑處處

崎嶇坎坷才是它的真面目

這一片毫無遮擋的凍原可說是我經驗中前所未見的冷

瓦掣小屋

觀熊最佳營地

如果說使沙漠美麗的，是滾滾黃沙的某個地方，茁長一株小草。那麼，使凍原生動的，是茫茫白雪的某個洞穴，冒出一隻小熊。

前四次北極行，讓我拍到了公熊和母熊的珍貴鏡頭，甚至目睹了牠們之間的精彩互動，收穫滿滿，不過心裡總覺得欠缺了什麼？是否有些遺珠之憾？左思右想，原來是遺漏了小熊。

如果我們仔細觀察，不難發現很多動物剛剛出生時都是最可愛的，包括人類的嬰兒也一樣，帶著沒有分別的赤子之心，未有一絲一毫遭受污染的純真，保留著天真無邪、溫馴善良。

小北極熊更是其中最迷人的小動物之一，遠看像飯糰一樣圓滾滾，又像一團白色的毛線球一樣，可說是人見人愛，最具療癒效果的小動物，難怪市面上充斥著小北極熊造型的玩具或禮品，彷彿小北極熊是與生俱來的親善大使一樣，能為這個世界獻上歡樂與喜悅。

從邱吉爾鎮，預計要搭兩個多小時的火車前往四十公里之外，凍原上的無標示驛站掣斯納雅（Chesna Ye），再轉往目的地「瓦掣小屋」（Wat'chee Lodge）。

這次瓦掣小屋的行程，從獲邀約、決定參加到準備器材、行李等等，僅有短短的五天時間，倉促啟程，疏漏難免，平添後續一些小小的麻煩。

瓦掣（Wat'chee）係加拿大原住民克里族（Cree）的語言，意指凍原上滿佈樹木的山丘。在一九九四年，由位於海灘山脊的海軍通訊基地改建、並改制為「瓦掣探險中心」（Wat'chee

北極地區大部分的土地都是凍原，平坦、乾燥且樹木很少。

營地瓦挈小屋原是海軍通訊地。

Expedition）。兩棟相連的原木建築「瓦挈小屋」，成了北極圈生態探險的最佳營地，每年二月中到三月中，分成四梯次對外開放四星期，每一梯次只接待二十二人，且須於一年前提出申請。我們被分在幸運的第二梯次，全程參與了母熊出洞、與小熊互動的過程，第一梯次熬到最後一天，才與熊家族驚鴻一瞥；輪到第三、第四梯次時，熊家族已經朝向哈德遜灣邁進了。

從邱吉爾鎮要搭火車前往40公里外的無標示驛站挈斯納雅，再轉往「瓦挈小屋」。

瓦挈小屋緊挨著的瓦樸斯克國家公園（Wapusk National Park），為沼澤、原始森林與凍原所覆蓋，佔地廣袤，約二百八十三萬六千畝，是目前為人所知、最大的北極熊築穴區之一，也是世界上極少數能看見幼熊首次出洞穴的棲息處。公園的管制嚴格，若沒有專業導遊帶領，旅者不可擅入。每年十月底、十一月初，懷孕的母熊來此待產，隔年春天生育，吸引自然學家和野生動物

瓦挈小屋　知識補充包

・由來：一九九四年由海軍通訊基地改建，並改制為為「瓦挈探險中心」（Wat'chee Expedition）。

・地形：海灘山脊，三百呎高地。

・營地結構：二棟相連的木屋，有七間房間，從二人到三人、四人不等，二間不同大小的餐廳，一間交誼室，四間廁所，三間浴室，居然還有烤箱，麻雀雖小，五臟俱全。

・開放時間：每年二月中到三月中對外開放四星期，每一梯次只接待二十二人，須於一年前提出申請。

攝影同好前來，實地觀察北極熊親子生活。這兒，就是我們拜訪北極熊家族的目的地了。

瓦㯳斯克

令人聞之色變的風寒效應

白茫茫一片，即便視線如此清晰，也不知身在何處，沒有大道，也沒有小路。凍原看似平坦，積雪看似輕柔，實則溝壑處處，崎嶇坎坷才是它的真面目。裝甲車履帶輾壓其上，車身劇烈地上下顛簸，人在車廂裡，根本坐不穩，我只能雙手緊緊護著鏡頭。在一個林木疏落的高地前方一百多公尺處，車子緩緩停了下來。隊友靜悄悄、井然有序地下了車，一字排開，忙著架設腳架。

這一片毫無遮擋的凍原實在太冷了！甚至可說是我經驗中前所未見的冷！

雖然我曾多次遠征南北極，又有西藏納木措湖的經驗，想當年，探訪納木措湖，這座藏人口中的「天湖」，是世界海拔最高的鹹水湖，寂寥的湖畔唯有一戶簡陋的農家。我們投宿於此，低於攝氏零下四十度的夜裡沒有暖爐，連礦泉水都結冰了，如同在冰箱裡過夜，一行四人不敢大意，輪流站崗值夜，互相守護，不讓體溫在沉睡中流失，這是一次難得的生命體驗。

但這次自知歲月不饒人，不能逞強，特別加帶冬衣，還有六十個暖暖包，並第一次穿上摯友陶行達送給我、裝了電池的夾克。雪車駕駛James提醒我說：「你會受不了低溫的。」我自恃經驗豐富，並不以為意。

瓦㯳斯克平均氣溫低於攝氏零下三十度，加上令人聞之色變的「風寒效應」，人體對象低溫的感受更是比實際的溫度加倍的冷。

我的多層次穿戴，應該足可禦寒吧！幸好熱心的雪車駕駛James建議我加強保暖，並借我重達

四、五公斤的厚皮外套（Parka），和大手套（mitts），才讓我在低溫下保住了手指。戴上兩雙手套果然暖和，但是為了按快門，得脫掉一只mitt，右手僅覆一層薄手套，兩天雪地奮戰下來，食指凍得發黑了，晚餐時領隊Mike直呼「OH! MY God!」他給了我凍傷藥膏擦用，還怪我疏忽基本防護，他

雪車駕駛借我重達4、5公斤的厚皮外套和大手套，多層次穿戴才讓我在低溫下保住了手指。

有個偵察員在車頂上觀察母熊動向。

正前方距離母熊產房約130公尺之處，隊友們架好腳架，等待母熊出洞。

警告我說：「再這樣下去，非截肢不可！」

正好整以暇地架設三腳架，一陣陣冷冽強風直撲而來，匆匆架設好腳架，調整光圈、測距離、對焦，趕快回到車上取暖，打算等北極熊出現，再下車去按快門。等到雪車駕駛呼喚：「熊出來了！」已經是四個半鐘頭以後的事了。我穿戴上Parka和mitts，急忙奔到腳架旁。

就在這一段等待的期間，我嘗到了「百密一疏」的後果。由於行程的決定比較匆促，我忘了帶滑雪用的護目太陽眼鏡，僅以普通的變色眼鏡抵擋光害。起初感到眼睛又乾又刺又難受，接著人有點暈眩，站立不穩，有些失去平衡的感覺，原來這是「雪盲」的前兆。我只好儘量待在車子內，隨時保持閉目養神狀，以減少光害，但一聽到有人準備下車拍照的聲音，就跟著下去拍。

回國之後發覺視力驟降，經眼科醫師檢查，確定是雪地強光造成的傷害，立刻進行眼部手術，讓我親身體驗到人體有多麼脆弱。

雪盲症　知識補充包

雪盲症的原因是眼睛視網膜受到強光刺激引起暫時性失明的一種症狀。雪地對於日光的反射率極高，可達到將近百分之九十五，直視雪地正如同直視陽光，由於這種症狀常在極地探險者、雪地、攀登高山時發生，因此稱作「雪盲症」。

養眼的來了
北極皇后的雪浴秀

凍原寒地一身重裝備穿戴加上耐心守候，讓等待有了收穫。這是興奮的一刻，我遠遠看到一隻毛茸茸大掌伸出雪洞穴口，接著兩隻熊掌試探性地搭在穴口，一顆白色的大腦袋俯貼在手掌上，不停地嗅著、舔著。

從懷孕待產到生育，母熊待在洞裡已經有七、八個月之久；此番重見天日，警覺性很高，她小心翼翼先在洞口張望，挺起鼻喙，聞聞嗅嗅，辨識空氣中是否有異常的味道。

周遭的「安全指數」應該是合格的，在粉絲引頸企盼下，她擺動著最佳女主角的綽約倩影，登上雪白的巨型舞台，頓時台下粉絲為之瘋狂，伴隨著四起的快門聲，我們有我們的速度，母熊有母熊的節奏，她四足挺立，顧盼自得，倒顯得我們有些毛躁了。

快門劈啪劈啪如掌聲響起，母熊愜意地舒筋活絡，翻滾、滑動，讓純淨的積雪洗刷一身毛皮。「呵呵，八個月沒洗澡了！」

母熊將幼熊暫留在洞穴的嬰兒房，給自己數十分鐘「產假」，來一場久違的雪浴，洗它個渾然忘我！快門聲一度打斷了她的清洗與伸展，她側著頭，想了一下，決定「懶得理你」，在凍原溫暖的陽光下，大貓撒嬌般繼續做她的柔軟瑜珈。

筋骨舒暢了，北極皇后重新垂顧高地下方的人類粉絲，她一邊莊嚴邁步，一邊側過臉來「閱兵」，我們這批裝甲部隊，履帶車擺好陣列，砲兵手緊擁大砲，劈啪劈啪，以無數的禮砲致意。

母熊接受快門的歡呼之後，或許感覺到粉絲的善意，也或許覺得這些遠道而來的異邦臣民，應該有一些「歲貢」呈上，可以充實她的轆轆飢腸，竟一步一步向我們走來，直到相距僅十公尺。

「危險逼近」的感覺十分真實，我的心跳不由得加快，想要完全不為所動，實在很困難，但又不能奔跑逃離，看看隊友們的反應，大家似乎都很鎮靜。以北極熊時速四十公里的奔跑能力，無疑可以立即將我們「秒殺」！領隊Mike低聲警告隊友：「Don't move! Watching!」

保護區人員見狀立刻揮動旗幟，口中同時發出「嘿！嘿！」的驅離聲，前一刻還在雍容雅步、母儀天下的白熊，見

從懷孕待產到生育，母熊待在洞裡7、8個月，終於重見天日了。

母儀天下的白熊，雍容雪浴。

母熊愜意地活絡筋骨，渾然忘我！

我方豎起紅旗，也識趣地反轉身軀，小跑步離去。我們頓時鬆了一口氣。一般情況下，北極熊並不會攻擊人類，除非牠要守護自己的領域和幼熊、食物。揮動旗幟、發出聲響，是為了讓北極熊知道他面前的是人類，而主動退讓。

雖然瓦擊小屋為我們規畫了最佳的賞熊路線，但是七天的行程，倒有三天不見熊影。一次是因為隊友興奮之餘，忘了領隊「慢慢移動」的告誡，竟快速奔向腳架，大動作讓熊受到驚嚇，立刻躲回洞穴，直到翌日都不肯現身；另外兩天則是因為超大的暴風雪，令北極熊深居不出。

在漫長的等待和零下四十度的酷寒環境下，風大雪大，隊友們大部分都躲進車子內，只有少數人不死心，下車到外頭等待奇蹟，有人甚至走向前想要拍狂風暴雪的畫面，可惜風一吹，就倒下去，根本站都站不穩，最後只得乖乖回車內待著。等到風歇雪停之後，隊友們玩心大起，開始互拍，各擺pose，由於我隨身攜帶的熊偶很受歡迎，很多隊員都和它合拍，取出小相機，趴在雪上拍照，咔嚓一聲，一幅溫馨的畫面入鏡了。

此外，「萬里銀白一點紅」，雪地上的流動廁所，平常門可羅雀，這時候光顧的人卻特別多，當我如廁完畢，駕駛員James係加拿大原住民，一時興起，想傳授我在雪地作畫的

熊攝影　知識補充包

- 切忌跑步，大熊會追逐奔跑的動物，熊靠近時，你應該提高聲調，揮舞手臂，或製造噪音，設法將其趕走。如果攝影者是來自一個團體，不妨並排一起，以「氣勢」嚇走對方。
- 避免和熊正面短距離接觸，一旦你離熊距離近，務必保持冷靜，熊一般不會攻擊人類，除非餓壞了，或者是為了守護幼熊。如果牠站起來，兩眼盯著你，不斷嗅聞，是因為好奇，不是威脅。
- 保持帳篷營地乾淨，別忘了熊的嗅覺敏銳，剩菜飯和垃圾必須妥善處理。
- 最重要的是給熊一點隱私，儘量以長鏡頭攝影。

我隨身帶的小熊偶幾可亂真，引起加拿大攝影師趴地拍攝。

萬里銀白一點紅，雪地中的流動廁所。

保育員一點一滴畫出維妙維肖的白熊輪廓。

暴風雪裡，隊友們大都躲進車內。

只有少數人下車到外等候拍照。

秘訣。他緩緩解開保暖褲拉鍊，開始一點一滴，噴灑尿液在雪地上，構成一幅維妙維肖的北極熊輪廓圖。這種絕活，除了令人大開眼界，也不得不佩服他的神功。

我也不忘取出二〇一二年三月的《講義》雜誌，在狂風暴雪中，請隊友幫我留影。承《講義》費文社長推薦，推舉我為二〇一一年度的最佳旅遊作家。

我和《講義》雜誌結緣的由來，可推溯到作家吳淡如在《講義》發表了一篇去南極旅遊的報導，她從智利前往南極，只到了科學站，既未看到企鵝也未看到冰山，就以盲引盲，斷言南極不好玩，我對她的文章提出不同的看法，投書給《講義》，因此結識費社長。承蒙費社長先後兩次推薦我競逐「金鼎獎」，雖未得獎，對我卻是一種鼓勵。對一名勤於筆耕超過半世紀的藝文愛好者，《講義》對我的抬舉厚愛，幫我實現了我少年時代的寫作夢想，對這位伯樂，我一直心懷感恩，因此遠征北極時，《講義》也隨身帶著。

賞熊攝影期間難得有空檔時間，閒著也閒著，我開始拍起北極的落日餘暉，那夕照格外有一種美，溫潤著遊子的心靈，也讓北極行的攝影內容更顯豐富多樣化。

原本以為單調乏味的一天，卻因為匠心獨運，變得多彩多姿，七個小時也很快就過去了，最後還和北京的朋友來個大合照，留下難忘的回憶。

我和北京的隊友大合照。

風歇雪停後，隊友們開始互拍，各擺pose。

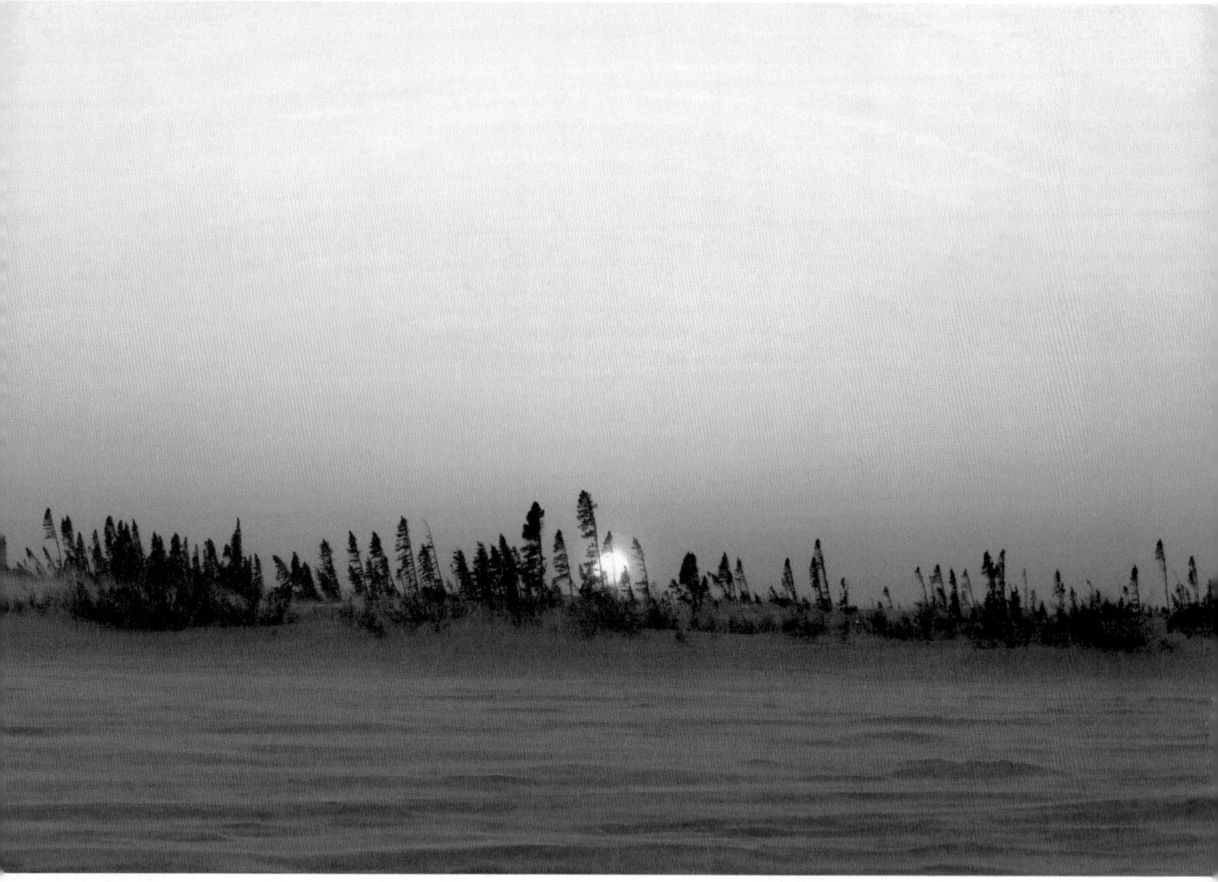

只有這時候才有空注意並拍到北極落日的場景。

不負眾望
雪地裡冒出熊寶寶

高潮迭起的追蹤攝影過程，造就了終生難忘的賞熊經驗。

二〇一二年三月十一日下午兩點十分，驚天動地，令人刻骨銘心的瞬間，一張胖胖的小毛臉兒終於出現了！小熊從雪洞裡探出頭，大家忍不住「哇」了起來，相機的咔嚓聲接二連三，不絕於耳，人見人愛的小熊使勁想爬出來卻力不從心，著急地討救兵喊媽媽。

熊媽媽從疏林間走了過來，散發著小熊熟悉的氣味。小熊從出生到此刻，從未離開雪洞，媽媽堅實而溫暖的毛毛腿輕輕貼靠小熊，給牠無聲的支持，也讓小熊有個安全牢靠的著力點。小熊與這個世界初次相見，顯然牠是同胞手足中最勇於探索的一位，媽媽給牠一個親親！

在熊媽媽的鼓勵下和小熊老大的注目下，老二

弟妹陸續出洞。

不急不急，慢慢來。

小熊出洞，驚天動地的一刻。

歡迎到大地。

也接著出洞了。原本大家以為這部難得一見的紀錄片會在此打上「劇終」兩個字了，沒想跌破眾人眼鏡的是熊老三也出來了！北極熊每三年孕育一胎，每胎生產一到兩隻幼熊，像這樣健康的三胞胎，實在相當珍奇，大家喜出望外，溢於言表！

母熊似乎也頷善解人意，帶著三隻小熊亮相，擺pose，儘量滿足大家的期待，讓大家拍牠們的「全家福」。

美滿的家庭大合照。

媽媽領軍
小熊們的生命教育課

媽媽領著三隻小熊認識環境，這是前往哈德遜灣的行前訓練，也是小熊們的第一場生命教育。接下來，在前往哈德遜灣岸的旅途中，小熊將一路接受媽媽的機會教育，學習種種生存技能，加拿大原住民依內特族（Inuit），把這段小熊初步學習的重要過程稱為AtiQtug，也就是「熊兒走向大海」的意思。

動物對幼兒的教育概念幾乎是與生俱來的，母熊訓練小熊也很見規劃性，她先讓初出茅廬的小熊遊走平地，學步兼熟悉自然環境，接著藉由上下坡，辛苦的魔鬼訓練，鍛練腿力。三隻小熊上氣不接下氣緊追著媽媽，有時陷在媽媽的腳印裡，幾乎跪倒雪地，踉蹌一下，又趕緊爬起直追。媽媽優雅的跨過雪堆，小熊攀不上去，順勢滑了下來，但牠並不氣餒，邁開肥肥短短的小腳，掙扎著翻過雪堆去追媽媽。

天色開始暗下來，兩隻小熊體力不濟，漸漸落後，那隻緊跟在媽媽後頭的小熊，停下來等著，有時甚至跑回去帶他們歸隊，頗有大哥的風範。媽媽雖然扮演魔鬼教練的角色，但也時時駐足回顧，留意小熊們的動態。

熊家族的隊伍拖拖拉拉，終於抵達甜蜜的家，媽媽先進入洞穴，乖寶寶跟著進洞，另外兩隻還遲遲不肯進去，媽媽探身催促，又一隻小熊黏上去，媽媽趁勢將牠叼住。那隻帶隊的小熊「老大」賴皮不肯進洞，繞著洞穴口遊走，時不時低下頭扒扒土，晃悠了

母熊訓練小熊先在平地學步，接著藉由上下坡鍛練腿力。

五分鐘之久，熊媽媽不高興了，張口將牠叼進熊洞。

小熊全家回到洞穴，我們亢奮了一天的心情也才平復下來。在賞熊攝影畫下完美休止符的當下，驀然發現一整天竟然沒人上廁所！由於過程太精彩、隊友們太專注了，緊繃的神經頓時放鬆之後，整個人像洩了氣的皮球，幾乎癱軟下來，勉強自己提起精神收拾攝影器材。

心滿意足上了車，隊友們眉飛色舞，深覺不虛此行。晚餐後的氣氛顯得很詭異，再也無人高談闊論，都靜悄悄的回寢室，或者留在交誼廳裡，各自檢視自己的攝影作品，面露成果輝煌的笑容！溫暖洋溢的營地交誼廳，靜靜流淌著滿足與喜悅的氛圍。

明天是否依然有機會遇到小熊母子？相信大家都是懷著美夢入睡的。

小熊玩興正濃，不想回到洞裡去。

母熊帶小熊，認識環境，從早到傍晚，魔鬼訓練、鍛鍊體力。

冰海呼喚熊兒
踏雪走向哈德遜灣

天地一片晦暗，能見度不超過一公尺，明知天候不佳，我們還是準時出發。顛簸的旅程不在話下，原本四十分鐘車程，硬是耗掉了六十五分鐘。

在飆風暴雪的肆虐之下，隊友們身上掛著重裝備，還是被強風颳得站不住腳，實在難以形容那種被風雪侵襲的感覺。白茫茫的視野，根本看不到那片熟悉的疏林，以及樹下的熊穴。兩位偵查員跨上雪地摩托車，在方圓四十公里處，分頭尋覓熊蹤。

全隊等候的毅力也十分驚人，齊聚在汽車的左側避開風勢，架設好三腳架，人和相機則留在車上，整整悶了三個多小時，無所事事，這時流動廁所光顧的人特別多。因為多層次穿戴，每個人上一次小號，也得大費周章，穿連身褲的人則更是麻煩，我想還是少喝水為上策。

皇天不負苦心人，下午一點，偵查員傳來喜訊，芳蹤一度杳然的小熊家族，又悄悄現身了。由於下午天氣晴朗，偵查員從雪地上的熊掌腳印，在離洞穴二十公里處，找到正在哺乳、休息的小熊家族。

小熊在三、四個月大之前，都還是個奶娃兒，一天要吃六次奶，至少要母熊哺乳二十個月才能斷奶，只要母熊坐或躺下來，小熊就搶上去吸奶。熊乳特別營養，含脂量高達百分之三十三。母熊有四個乳腺，足夠餵飽三胞胎。備受寵愛的小熊老大，懂得拚命吃奶儲備養份，顯然智慧高人一等。相較於牠的弟妹們，就有些不知天高地厚，在一旁不是嬉戲打鬧，就是爬樹玩耍，甚至還試圖拔起小樹

只要母熊坐或躺下來，小熊就搶上去吸奶。

小熊老大趁母熊歇憩空檔，偷溜出去玩。

迷路之後慌張失措的熊老大。

母熊找到了熊老大。

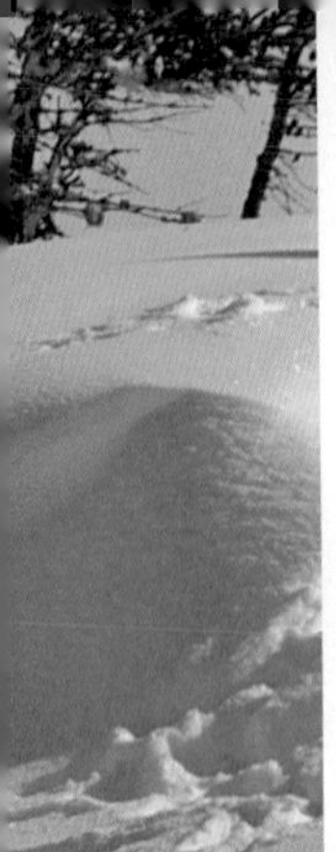

叢，虛耗體力，完全不懂求生之道。

根據美國ABC News報導，喜歡玩耍、調皮搗蛋的熊寶寶，通常腦筋靈活、身體健康，容易習得克服障礙的生存技能，壽命也比較長。也有一說，就是喜歡黏著媽媽的熊寶寶，會得到較好的照顧與保護，也因為「親炙」母親教育的機會較多，而習得更多、更好的生存技能。

看來集寵愛於一身的小熊老大，會是三隻熊寶寶中最具備「適者生存」本事的一個。很多北極熊幼熊在漫長旅途中，皆因體力不支而夭折，小熊老大初出茅廬，就懂得保留體力，看來也是天賦異秉。「黏巴達」就是牠省力的秘訣。行軍時，牠快速往媽媽身上爬，把母熊當坐騎，輕搖慢晃好不愜意！反觀跟在媽媽屁股後面的弟妹們，踩著積雪費力地行進，能不能撐到哈德遜灣岸還未可知呢！

小熊老大雖然懂得省力，骨子裡卻是個過動兒，有小聰明、把戲多，弟妹也很馴服他的領袖魅力。下午三點十五分，趁著媽媽小睡，牠竟擅自帶頭，帶著弟妹出遊。寂寥的凍原裡隱藏著無聲的殺機，還有種種不可測的意外傷害，三隻小熊雖然僅在外圍溜達溜達了一圈，卻已讓旁觀的我們捏了一大把冷汗！

三隻小熊在媽媽睡醒前回來，將一趟私下出遊，掩飾得神不知鬼不覺。

後來母熊帶著小熊再次行軍一個小時，擔任魔鬼教練的母熊疲累不堪，漸漸打起盹兒來。過動兒小熊老大食髓知味，趁著母熊歇憩的空檔，獨自前往野地去探索，豈知聰明反被聰明誤，夜路走多，終於踢到鐵板，當牠收拾玩心想歸隊時，卻迷路了！只見牠慌張失措，嗷嗷呼救。

迷路的熊老大低頭聆聽母親訓斥。

母熊也急得聲聲呼喚，四處搜尋。小熊老大翻過一個小雪丘，終於和媽媽弟妹重逢了。媽媽顯然有些生氣，用鼻子頂著牠的小臉，逕自教訓起來，小熊老大低著頭、垂著肩，大氣都不敢吭一聲。媽媽斥責完畢之後，弟妹們也湊過來數落牠的不是。媽媽看到小熊老大認錯，就原諒了牠，母子言歸於好。

整個畫面串連起來，就是一則生動的故事，由於靜謐中的心電感應，我彷彿也懂得了熊語，與熊家族建立起深刻的感情。

小弟趁機數落熊老大。

北極熊的身體語言

- 北極熊聰明，智力約相當於猿類。
- 身體語言：煩躁、激動不安時，會踱步、搖頭。
- 北極熊彼此間以肢體語言和嘶叫相互溝通。深沉咆哮意味對其他同類警告（一般情況都是守護自己的獵物）。如果想從他熊分享食物，北極熊會緩慢靠近，繞著腐屍幾圈，然後極其謙卑的以鼻碰鼻的方式，和對方buddy buddy。彬彬有禮的北極熊大都能分一杯羹。
- 如果想玩耍，牠會朝另一隻熊左右搖頭，表明意圖。
- 母熊責備小熊，或發出低沉吼叫，或輕輕拍打。
- 每當公熊接近母熊和牠身邊幼熊時，母熊出於本能會低著頭不顧命地往公熊衝。

悲欣交集

北極熊的生命歷程

我們的追蹤攝影，以不打擾白熊母子為最高原則。瓦樸斯克的最後一天，我們耐心在山脊背後等候偵查員的消息。當小熊母子現身的佳音傳來，我們按捺住內心的興奮，靜靜前往適當的賞熊位置。

已經熟悉得像是老朋友的熊家族，還是由熊媽媽領隊，在白茫茫的天地間默默行進。熊家弟妹緊緊跟著媽媽的腳步，來到疏林盡頭，向來最有活力、也最有探索精神的小熊老大，竟然賴在地上不肯走，似乎捨不得離開牠出生的家園。

出了疏林，下了山脊之後，命運之神將以什麼樣的面貌，來迎接熊家族的旅程？此去不僅路途遙遠，還充滿著不確定的危險：包括北極狐血腥的掠食、自身飢餓無情的摧殘，造成小熊意外喪命、或者體力不支垂死脫隊。甚至，從未負起父親責任的公熊，竟然也會為了填飽肚子而殺害幼熊！

北極熊在天寒地凍，凜冽蒼茫的冰地上每年行走六千哩路，對幼熊而言，真是危機四伏。天真無辜的小熊三兄妹，是否有機會平安走到哈德遜灣岸？想到牠們的前途茫茫，令人心生酸楚。唯有寄語小熊，乖乖跟著媽媽，不要擅自脫隊；祝福熊家族一路平安！

我在車上逐一檢視這幾天的成果。回想我曾在美國新墨西哥，阿帕契國家公園所拍攝的雪雁，千軍萬馬在空中飛翔、降落，聲勢浩大，喧騰、雷動，令人驚心動魄的壯闊場面。兩相對

熊家族緩步邁向哈德遜海灣。

母熊不放心落後的小熊，頻頻回首。

花了三小時脫困，天黑才回營地。

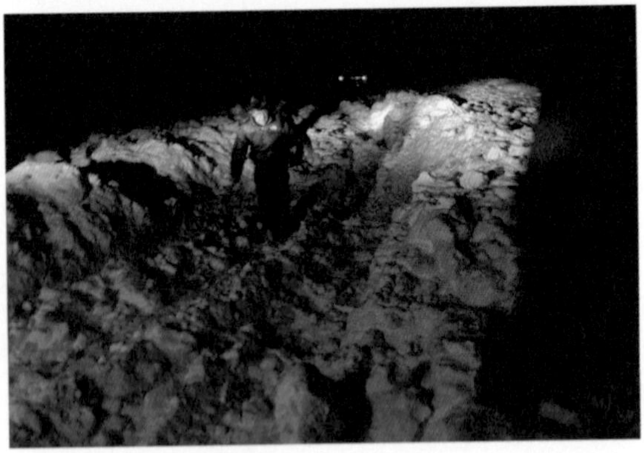

照之下，熊家族的孤單落寞，給我的感受，更像是愛到心坎裡的疼痛，濃縮成一聲輕輕的嘆息！

小熊的天真讓我歡喜，小熊的未來讓我憂心。這一趟北極凍原之旅，牽動了我更深層的悲與欣，這時，弘一大師臨終時留下的「悲欣交集」四個字，不再是生命流轉的偈語，而是活生生的生命體悟，也是觸動內心深處、發願護生的一個契機。

賦歸之後，許多鏡頭外的畫面，在我的腦海中縈繞不去。記得有一天歸途中，我們這一隊搭乘三部車，其中我搭乘的陷在雪地裏空轉，動彈不得，一車六人只好下車，等待脫困。我們分散到前車、後車取暖，小小的六人座車，勉強只能多擠進兩人，幾乎被塞爆了，其中兩位只好在外面。

感謝曾獲選為「黑龍江十大傑出青年」的夏富祥教授，他毫不猶豫地把座位讓給我，寧可自己下車忍受風寒。在將近三個小時的受困期間，這一份患難中的真情，讓我看到人性的光輝，不由得銘感五內。

這次北極生態攝影的幸運之旅，除了影像上的滿載而歸之外，還讓我見識到多位豪爽的北方兒女。儘管旅途中的艱辛所在多有，冗長的等待也很枯燥乏味，但他們始終表現出怡然自得的涵養，並且能苦中作樂，不受外境的干擾。彼此辛苦拍攝到的珍貴畫面，也不藏私，樂於分享。尤其是擁有好幾家上市公司的董事長劉云志、北京首鋼的董事長兼總經理胡斌，慷慨大方地與我交流，旅途中其他隊友也都稱我為陳老，對我照顧有加，這樣的隆情高誼，令人永誌難忘。

Part 4

踏雪尋熊

北極凍原漫天冰雪，北極熊身軀龐大，眼神落寞
三三兩兩地朝向哈德遜灣岸挺進
沿途的母子熊不知有幾隻將折損？又有幾隻能平安抵達彼岸？

哈德遜海灣

探訪海豹河生態木屋

二〇一二年三月間，我第五度踏上北極，幸運的拍攝到母熊產後，帶著小熊，步出冰封雪洞的珍貴畫面。鏡頭下，北極凍原漫天冰雪，北極熊身軀龐大，眼神落寞，三三兩兩地朝向哈德遜灣岸挺進。

放眼望去，沿途的母子熊不知有幾隻將折損？又有幾隻能平安抵達彼岸？一想到牠們的安危堪憂，前途茫茫，就令人心生酸楚。返回台灣後我告訴自己，一定會再回來看你們！一定要看看小熊三兄妹，有否平安長大？

經過半年的魂牽夢縈，二〇一二年十二月二十八日，終於心動不如行動。

一來，發現有一條新路線就在哈德遜灣的前哨站（Real River）。其中有一個加拿大私人家族建造經營的海豹河生態木屋（Seal River Lodge），每

我們的營地附近很空曠，晨昏各有不同景致。

北極凍原看似平坦，其實溝壑處處，熊隻行走其間，危機四伏。

年十月和十一月間作為期一個月的生意，接引全球生態旅遊愛好者到來。

小木屋除了包辦旅遊住宿，並配備兩位持槍的自然嚮導，一前一後，帶領旅遊愛好者出外尋覓熊兒芳蹤，這是目前為止，能和熊兒近距離接觸的最佳地點。

二來，剛好鄰居曾永輝夫婦想一償宿願「親炙」北極熊，他們很熱心，願意協助我扛攝影器材，讓我備感窩心。在天時、地利、人和的配合下，我的心早已飛躍到那凍原、雪地去了。

但是我眼睛才剛開完刀，層層阻礙如何撥開，好讓家人安心放行？所幸，大女兒陳慧珊說情，說她也可以幫我揹相機，並從美國舊金山飛來同我會合，太座因此才應允。讓我再度踏上另一次與熊兒交會的奇妙生命旅程！

六度探訪北極，一樣風塵僕僕，趁著哈德遜海灣結冰之前趕到邱吉爾鎮，改搭八人座的螺旋槳小飛機，前往海豹河生態木屋，等候陸續經過的北極熊，心中多少懷有一絲期望，希

八人座的螺旋槳小飛機，遇到亂流讓人心驚膽顫。

前來接機的是荷槍實彈的自然嚮導。

望能與牠們母子再相逢。

哈德遜海灣附近密布凍原、森林、沼澤，及高高低低的雪丘，地貌豐富多元，從飛機上俯瞰，視覺之美，堪稱極致，對北極熊母子來說，卻是一段艱苦漫長的旅程。凍原看似平坦，實則溝壑處處；積雪看似輕柔，其實危機四伏。揭開美麗的面紗，方知崎嶇坎坷才是它的真面目。

海豹河生態木屋就建在海灣的附近，是北極熊挺進哈德遜海灣的中繼站。海水結冰之前，沿途都有機會看到北極熊，成了最佳的拍攝地點，一旦海灣凍結，北極熊就會火速趕去獵捕海豹，走得一隻不剩，讓訪客撲空，敗興而歸。

飛機降落後，兩名荷槍實彈的自然嚮導Andy和Tara，前來接機，帶我們到海豹河生態木屋享用午餐，短短一段路，步行約十五分鐘即抵達。

八人座的小飛機，跑道只有100公尺。

又驚又喜
與母子熊的近距離接觸

是幸運之神一路相隨？抵達木屋的當天，攝熊獵影，成果豐碩！嚮導從望遠鏡看到，有一對母子熊在湖邊草叢睡覺，機不可失，當下領兵渡河。結了冰的河床很滑，有些隊友根本不敢冒險，就由女嚮導Tara帶回營地，只有我們六名隊友扛著笨重的大砲相機，緊隨Andy，亦步亦趨，小心翼翼躡冰移步，在距離目標一百多公尺處，悄悄地架起腳架。

沒讓我們久等，小熊醒來了！母性的敏感讓母熊也隨即清醒，朝我們發出低吼，眼看著就要朝我們走過來了！嚮導Andy適時出聲安撫白熊母子：「我們只是來看看你，不會傷害你的！Easy! easy! Calm down! Calm down!」輕聲細語，道不盡的誠摯懇切。Andy同時敲擊石頭，沒想到母熊停止吼叫之後，小熊卻好奇繼續向前走，似有意想向我們示好。

這樣近距離的與熊互動，讓我們既緊張又興奮，母熊的神色充滿了警戒，小熊的表情則是滿懷好奇，Andy又開始敲擊石頭，柔聲勸說：「別過來了！別過來了！回去媽媽的身邊吧！」小熊似乎聽懂了，識相的折返母熊身邊，讓我們鬆了一口氣。這時離我們剛下飛機還不到兩小時，竟就捕捉到令人滿意的鏡頭，大家都很亢奮！

翌晨起床，窗外雪花紛飛。新雪過後的路徑，雪深及膝，深深體會舉步維艱的況味。我們追蹤母子熊到河岸邊，牠們忙著翻找地上的莓果，勤快地吃了一陣子，準備原路折返，剛好我們擋住了去路。一邊是滔滔河水，另一邊則是手持相機、不知是敵是友的人類，母熊顯得有些猶豫。Andy要求

小熊醒了，母性的敏感讓母熊也隨即清醒！

母熊發出低吼，讓人緊張萬分。

我們慢慢後退，讓出路來。

一名北京來的隊友捨不得移動，更向前拚命按快門。母熊開始不安，Andy焦慮寫在臉上，經驗告訴他，母熊為了保護小熊，隨時可能向我們衝過來。他沉下臉，嚴肅至極，要求大家不准再拍，我女兒也加入勸導，連說：「別拍了！請馬上後退！」儘管我們已經讓出路來，但好奇的小熊卻又朝我們走過來。Andy只好再度敲打石頭，小熊這才轉身跟上媽媽。這下真的可以鬆口氣了，我看到兩位嚮導露出很不愉快的表情。

Andy & Tara的防身術

- 野外集體行動時需排成一行，由嚮導一前一後護衛，確保安全，隊員舉動宜輕緩，小聲說話。
- 當熊靠近我們，嚮導先柔聲安撫，設法溝通，如果熊不理會，才敲擊石頭示警。
- 示警無效，則舉手槍發警告訊號：有煙霧或高頻哨音。
- 上述無效，再舉步槍朝空中或地上射擊，最後萬不得已才射殺。Andy在這裡工作六年，只有一次舉槍朝地上射擊。據說在加拿大，射殺一頭熊，需要填寫的報告，要比射殺一個人多好幾倍。

人熊對峙，險些擦槍走火。

母熊護子心切，
步步進逼。

你相信嗎？人熊能溝通

根據《美國退休人協會雜誌》（AARP）報導，一項針對五十歲以上中老年人的調查顯示，有百分之七十三的人相信來世，百分之八十相信有天堂，百分之七十相信有地獄。我們的自然嚮導Andy和Tara，居然能夠輕易的與北極熊溝通，他們以輕聲安撫、手勢等口語和肢體語言，讓焦躁的北極熊安靜緩和下來，真是不可思議！我想到，澳洲的鱷魚先生、印度的玩蛇人，似乎都和動物有共同頻率，能夠溝通，是否印證佛教輪迴轉世的說法？

德國電影大師荷索（Werner Herzog）拍攝的《灰熊人》紀錄片，描寫一位業餘野生動物保護人士提姆，過去十三年來，每年都到阿拉斯加的卡特邁國家公園，探望他喜愛的灰熊，他甚至可以用手去觸摸灰熊的鼻尖，人與熊之間的親近程度讓人難以置信。然而動物有野性，人和動物之間距離的拿捏還是非常重要。謹守分際，不越雷池，才能確保安全，否則即使是一個小小的疏失，都可能讓人命喪黃泉。

提姆與女友愛咪怎麼也沒想到擅長玩弄灰熊的他們竟會雙雙遭到熊吻而喪命，死前慘痛的哀嚎聲被攝影機真實錄了下來，他們被發現時，肢體已殘缺不全，成為卡特麥國家公園自然保護區第一樁灰熊吃人的慘劇。生死的那一瞬間，提姆的DVD攝影機一直是開著的……

原來是兄弟有前科的北極熊

我們這些外來客幾次遇到北極熊，雖然幸運地化險為夷，平安無事，但仍難免魂飛魄散，餘悸猶存，住在極圈的居民看到這些龐然大物，又該如何自保呢？

邱吉爾鎮居民為避免被熊攻擊，因應設立了全球第一也是唯一的「北極熊收留所」。北極熊雖然傷人的紀錄並不多，但是飢餓感仍會驅使牠們誤闖邱吉爾鎮鎮區，牠們不但在街上亂翻垃圾桶覓食，還會闖入民宅或攻擊咬傷人，造成人與獸之間強烈又無奈的對立，也讓鎮民缺乏安全感。

官方為了居民安全，採取北極熊預警系統（Polar bear alert programme），居民一旦發現熊出沒住宅區即馬上報警，警方會使用麻醉槍或者捕熊裝置逮捕熊隻。另外，小鎮外也設立數座誘捕北極熊的大圓桶，裡面放肉，北極熊進去時，桶口的柵欄會自動落下，將北極熊關在裡面。這些被逮的熊隻全部由拖車載到郊外號稱「北極熊監獄」的收容所，所內只有水喝，沒有陽光。

每年大約有四十五隻熊誤闖鎮區的北極熊「入監」。所方有時還會播放鞭炮聲，企圖製造精神壓力，希望這些兄弟熊能記取教訓。但只要評估可以「出獄」了，獄方人員會用直昇機直接空運至偏遠的凍原地區野放，所內北極熊放生前夕，工作人員會為牠們進行身體檢查，化驗血液、脂肪，登錄年齡等個資，並在熊下嘴唇內部植入晶片，背脊上噴塗綠漆，類似刺青，以便追蹤牠們的後續發展。

公熊Bob看到兄弟熊，馬上拔腿就跑。

我因相機失靈，意興闌珊地折返營地，正預備保養一下相機，卻聽到營地主人Mike說：「熊來了！熊來了！」原來是一隻背上有綠漆的兄弟熊，如前所敘，那代表牠曾經誤闖鎮區，被關進了獄所收留，經禁食管訓之後加以野放。

我有幸能親眼目睹並拍下有前科的兄弟熊，也算是大開眼界了！

曾經誤闖鎮區的兄弟熊。

兄弟熊經「北極熊收留所」放生前，背脊特別印上綠漆。

天雷勾動地火
兩熊前戲直擊

北極熊在極地凍原如何天雷勾動地火，引燃寒冰裡的春火，綿延子嗣，讓我很好奇。我曾兩次拍到公熊和母熊，路上相遇，一次是正北極九十度的北冰洋附近，一次是第六次探訪北極；可惜只有前戲，卻沒下文，讓我徒呼負負，但還是忠實地記錄了這樣難得一見的奇遇。

北極熊喜歡獨來獨往，好不容易拍到了兩隻熊有互動。冰層上，一隻母熊慢慢的走近公熊，見牠們彼此嗅聞一番，大概是繁殖期（春季）已過，兩隻熊不來電，只好又分道揚鑣。

一般而言，北極熊們要到五至六歲才會性成熟，雄性北極熊要到九至十歲才會長到駭人的體型。北極熊的求偶方式是比較

一隻母熊走近公熊，彼此嗅聞一番。

暴力的。雌熊發情期的氣味很容易招引來其他公熊，公熊們情敵相見，份外眼紅，激戰求偶，寸土不讓。牠們通常會張牙舞爪，嚇退對方，如果虛張聲勢無法奏效，牠們會像巨人般站起來，以爪掌互擊，甚至以牙齒噬咬對方。經過一番血戰，不惜遍體鱗傷，只為擊退情敵，贏得芳心。「人生勝利組」的公熊達到目的，和雌熊一番雲雨後，並不會相廝相守，短暫耳鬢廝磨後，即各奔東西，「再見不連絡」。

正北極九十度北冰洋附近拍攝的兩熊不來電，當時在船上拍攝，由於機會突如其來，來不及架起三角架，也顧不得背景好看與否；第二次拍到兩熊不來電時，是在陸地上，這時有較大的空間可以移動，可以架起三角架，構圖和取景也更能任運自如，因此拍出來的作品，不論背景處理或光影呈現都比上次好。

大概是繁殖期（春季）已過，兩隻熊不來電。

敬業就是這樣

極地巧遇BBC

我的北極行有個額外的收穫，就是巧遇了英國國家廣播公司（BBC）攝影小組的Sophia和她的搭檔，見識到既敬業又專注的工作態度。

她們通常三個人一組或是四個人一組，其中必有一人荷槍實彈以保護小組成員的安全。無論風雪多麼狂暴，總能看到他們不眠不休、輪流守候的身影，敬業精神令人感佩！

有一天晚餐後，BBC攝影組的Sophia跟我們分享他們此行的企畫案，暫時定名為「倖存者」（Survival），記錄不同動物在不同環境下如何生活，包括北極白狐狸如何亦步亦趨跟在北極熊身後求生存。

Sophia使用的專業相機器材比我們一般用的重了五、六倍，要兩人一組才揹得動。他們為了拍攝北極狐生態而來，已經在木屋定點駐紮，苦守了三個星期。我們託BBC的福，七天有三天跟隨其後。BBC一直想拍白狐卻苦無所獲，只能拍到紅狐，另外寶貝熊這隻不速之客倒是經常探班BBC，雖然寶貝熊可愛溫馴，但BBC仍保持警戒。正如黃雀捕蟬，螳螂在後一樣，BBC專注守候北極熊和白狐，我卻拍下了BBC的一舉一動，也祝福他們能順利拍到北極狐。

北極熊生存環境的險峻，在我腦海中留下深刻的印象，可追溯至國家地理頻道與派拉蒙影業合作的《極地熊寶貝》（Arctic Tale），這是雙方繼《企鵝寶貝》與《不願面對的真相》之後，投注十五年漫長時間，追蹤拍攝的珍貴紀錄片，記錄北極熊「拿努」與牠的兄弟，相繼誕生冒出洞穴，一路

BBC攝影小組 Sophia使用的專業相機比我的重5、6倍。

專業相機器材，要兩人一組才揹得動。

駐紮木屋，苦守三星期。

跟隨母熊懵懵懂懂的認識環境，學習生存技巧。沒想到，受全球暖化的影響，牠們賴以維生的冰層家園變薄，一點一滴消融於大海之中，古老的討海生活面臨嚴峻考驗，加上一連串的劫難接踵而至，包括途中母熊遇到公熊，深怕公熊餓不擇食，生吞小熊，只好慌慌張張，帶著兩隻小熊，繞路逃命。

影片中母熊眼睜睜的看著自己孕育的小熊在暴風雪裡，飢寒交迫，垂死掙扎，眼神既無奈又無助。接著，牠再也無力撫養風暴中倖存下來的拿努，必須狠心趕走最疼愛的拿努，讓牠自力更生，只見母熊孤伶伶的向前踽踽獨行，偶爾回首看著拿努，而拿努則跌跌撞撞地展開一段艱辛的生存之旅，旅程中餓到不行，見一頭公熊正在享用獵食而來的戰利品，拿努鼓起勇氣討吃，剛開始公熊劃清界限，不准牠越雷池一步，拿努幾度搖尾乞憐，公熊總算軟化，同意他分享殘食，也才保住了小命。

難忘影片中母熊無奈的眼神，眼睜睜的看著自己孕育的小熊垂死掙扎，接著，暴風雪中，倖存下來的拿努也不知去向。

BBC動員5個人只為拍取一個畫面。

定點守株待兔，只拍到紅狐。

出任務時至少有4人，其中兩人荷槍實彈。

踏雪尋熊
考驗耐力的追蹤攝影

在極地進行「追蹤攝影」是件千辛萬苦的事。由領隊帶軍，一路尋尋覓覓，從雪地上尋找熊的腳印足跡。再循著腳印的方向，找到熊的蹤跡。不過，行走過程，不但得扛腳架、拿重重的長鏡頭相機，還得穿著防雪的長筒靴子，在零下四十度的狀態下，舉步維艱不說，跌跌撞撞，一個不小心就容易滑倒。

況且還未必能心想事成，圓滿順利。因為天氣時好時壞，雖說凡走過就會留下痕跡，但有時風一吹，熊的足跡就如同船過水無痕一樣，雪印瞬間消逝得無影無蹤，這時就得靠巡防員騎乘雪上機車，四處搜尋熊跡，他們有時也可能繞騎一圈之後依舊徒勞無功。

當然極地攝影，「運氣」也是至關緊要，有些珍貴的瞬間畫面，可遇不可求。

華山1914文創園區曾經展出《瞬間的永恆・普立茲新聞攝影七十年大展》，其中《洛杉磯時報》攝影記者洛琳・柯爾（Crolyn Cole）以拍攝賴比瑞亞內戰得獎，她說：「傑出攝影者必須具備耐心、毅力、好奇心，以及和對世界的關懷。」所言深獲我心。在極地拍攝，我想還得加上「耐寒」，我們在極地攝影，有時從早到晚，都得忍受酷寒，更多的時候背負重重的器材，一趟就是四個小時。

為了追蹤北極熊孕育幼熊的鏡頭，挺進廣袤無垠的雪地。運氣好時，也許拍到小熊出洞，也許拍到母熊帶小熊往海岸捕食海豹的身影，運氣不好時，也許暴風雪太強，熊媽媽不肯出洞，一整天全無所獲，也不意外。

因此，在極地除了「追蹤攝影」之外，另一種方式就是「定點攝影」。

BBC除了出去外拍之外，平時也會駐紮於北極熊前往海灣的必經路線，定點守株待兔，等候北極熊自動入鏡。

騎乘營地的雪上機車，一路尋尋覓覓熊的蹤跡。

憑著「熊的腳印」尋覓「熊的蹤跡」。

找到了熊隻後還得保持50公尺以外的安全距離拍攝。

一行人扛腳架、揹相機，還得穿防雪的長筒靴子。

憑直覺或蹲下來尋找熊蹤。

母子熊造訪營地。

我們隊員當中也有些較不愛冒險的攝影者，風大雪大時，寧可待在營地，或站上營地的陽台，拍攝不斷穿梭於凍原的極地生靈，這些在極地生存的頑強生靈包括北極狐、紅狐、貂、北極兔、北極狼、狼獾等動物，有時不必請牠們上門，牠們就會自動跑來營地「朝聖」了！

「定點攝影」雖然也能夠「請君入甕」，但是受限於空間，只能拍到尋常畫面，真正想要拍到極地動物的真實生活面貌，了解牠們的一舉一動，真正習性，只有身歷其境的「追蹤攝影」，才能無縫接軌，忠實呈現。畢竟不入虎穴，焉得虎子；極地攝影的鐵則和人生的道理一樣：一分努力一分收穫，不經一番寒徹骨，焉得梅花撲鼻香！

如果仔細探究，天寒地凍的北極其實暗藏豐富生態，除了這些陸上頑強生靈外，另有海上的海象、海豹、角鯨等等，一派生機盎然，這裡簡直像是動物的中央車站一樣，熱鬧非凡。

一行人守在營地守株待熊！

狂風暴雪

北極熊與大自然的拚搏

就如同《極地熊寶貝》電影裡的場景一樣，風雪愈來愈大，攝氏零下二十度，風速已達五十mph，根據預測，還會再增強到七十mph。才拍攝了二十分鐘，每個人的鏡頭都積滿了雪花，雪花很快就結成冰，相機的自動對焦全都失靈了，鏡頭上全是霧氣。機身結了一層冰殼子，有人敲打相機上的冰塊，喀喀作響，嚮導立刻制止，因為不能讓北極熊習慣這種聲音，否則他們對敲石頭的警示會沒感覺。

風雪橫掃，攝影器材毫無用武之地，我們只好默默看著北極熊離去，讓許多精彩的鏡頭，在腦海中跌宕起伏，再三玩味暴風雪中，人與熊在同一時空裡的短暫寧靜。

在天寒地凍的極地，最容易讓人領受單純的接納，任何惱人的事、欣慰的事、驚喜的事，全都掏空了，內心一片空白。天氣晴朗、視野寬廣，固然值得慶幸，暴風凜冽雪花紛飛，又何嘗不是另一番景致！我在心中默默感激，風雪大地為我們營造了特殊景觀。

想起，每一隻北極熊在冰天雪地裡艱辛地走到灣岸邊，無奈地看著海，此情此景，乃至熊隻螳臂擋車、與天災人禍拚搏的悲壯，忍不住陣陣惆悵湧上心頭。難道這就是北極熊的宿命嗎？人類與北極熊，以及眾多不同的物種，都是這有情天地間緊緊相扣、密密牽連的共生夥伴。大自然浩劫逼近，地球生態岌岌可危，如果，北極熊沒有了未來，人類又將如何能獨自倖存？

舊地重遊有的母熊形單影隻，有的只帶一隻小熊，牠的其他小熊可能途中夭折了。

通常小熊在一歲以前，存活率只有六成。兩歲左右斷奶以前，依然會因飢餓而夭折，或者被其他野獸叼走、獵食。即便躲過重重的生死關卡，全球暖化造成三十年來北極海的冰層大幅減少，北極熊的生存遭受更嚴重的威脅。這種情況還會更加惡化，很可能本世紀中就會有三分之二的北極熊從地球上消失。根據美國最新的一項研究指出，未來四十年如果人類繼續忽視全球暖化的問題，日後衍生的經濟損失將高達二十四兆美金。

我思忖著，北極熊一心奔赴的茫茫大海，不知何時才能結冰？熊兒能捕到海豹充飢嗎？全都是未知數！也有一回，看見兩隻飢餓的北極熊，遇上一隻比他們體重重三倍的海象。只見這兩隻陸地上最龐大的肉食動物，圍在海象身邊不斷移動腳步、叫囂，看似很有可能瞬間就撲向牠，但是眼看著海象沒有動靜，兩隻北極熊也不敢大意，持續尋找最佳的進攻機會，努力穩住步伐，但或許懼於海象的一對利牙，北極熊最後打了退堂鼓。三月間追蹤拍攝母熊帶著三隻小熊，溫馨嬉戲的畫面還在心中迴盪，滿懷著生之喜悅與感動；而今放眼望去，路過的北極熊們，只有形單影隻的公熊，或是帶著一隻小熊的母熊，更或是寂寞落單的母熊，顯然，始終在腦海縈繞的小白熊已夭折了！儘管陸續有熊從眼前經過，我的心情卻是乍喜還憂，為他們的茫茫前途、生死未卜而忐忑難安。

另一方面，我以人類的角度去看，深深感到「幸福不會由天而降，幸福是要付出代價的！」母熊在這一片荒寒之地，不但要自己求個溫飽，還得負起獨力哺育、教養小熊的重責大任，雖然辛苦，但因有小熊圍在身旁，至少享受過短暫的幸福時光，而公熊除了傳宗接代外，完全不負任何責任，相對而言，自然也就享受不到幸福了。難怪踽踽獨行的公熊，在雪花的襯托之下更形落寞。

北極熊為求生存，一心奔向哈德遜海灣，我們風塵僕僕來到北極，追求的又是什麼呢？是目不轉睛、捕捉鏡頭的當下？剎那間與天地共存的感受？還是返本還原的大自在、大解脫？潔白而寧靜的大地，的確有助於深層的省思。

獵食無著，北極熊大吼一聲。

北極熊瘦骨嶙峋。

不甘寂寞
好萊塢明星熊喜感耍寶

北極熊在雪花的襯托之下踽踽獨行，讓心傷感，但木屋營地附近卻有一隻渾身具備表演細胞的明星熊，牠散發出喜感，為大家的攝影帶來了意外的驚奇和樂趣。

木屋附近有一隻被前一梯次的訪客命名為Bob的公熊，經常在此徘徊。牠對人類似乎情有獨鍾，屢屢想要親切示好，而且牠似乎有一種「人來瘋」的特質，愈是有人看，牠愈是不甘寂寞。看到BBC攝影組，牠會自動好奇地趴下來對著鏡頭擺pose，接著繼續在雪堆裡玩耍，一會兒四腳朝天，一會兒就地翻滾，十分自得其樂。

午餐後，又有人發現Bob在飛機跑道附近或者玩輪胎，或者咬雪鴞的屍體，於是大夥兒又為他拍了數百張照片。Bob完全不在意眾人圍觀，抱著輪胎又拉又咬、又踢又推，極盡戲耍之能事，玩得不亦樂乎！有時Bob也會敲敲營區小木屋的門，希望討點食物吃。

Bob熊也許是孤零零的，有次牠好不容易看到一隻母熊帶著小熊路過，牠很想湊過去和母熊交個朋友，卻被拒絕。此外，Bob熊雖然看起來很大隻，但卻很膽小，有次遇到一隻兄弟熊路過，Bob熊震懾於大哥大的惡勢力，聞風喪膽，馬上溜之大吉！

由於Bob真是一個天生的表演者，因此被前一梯次的訪客戲稱為「好萊塢明星熊」。說牠是木屋的寵兒、搖錢樹也不為過！Bob擅長變換各種姿態，滿足大家鏡頭的需求，只要有他在，木屋就不寂寞了。

Bob公熊會敲敲小木屋的門以討食。

「好萊塢明星熊」Bob在飛機跑道附近玩輪胎。

Bob熊很會擺pose，彷彿天生明星。

路過的母子熊不理會Bob熊。

依依不捨

人熊和諧共處的有情世界

由於我們搭乘的小飛機，受限於乘客座位人數，只能分成兩批飛行，很多人都搶著要先離開，我們一些留在營地等候的人反而撿到寶！就在留守於營地的空檔，因為無所事事，便出去走走，剛好看見好萊塢明星熊趴在隔離網搔首弄姿，煞是有趣。

我情不自禁，想要接近好萊塢熊，請隊友幫我拍照，讓我這個「頭號粉絲」能和這位「好萊塢的大明星」合影，當作告別留念。但是依照規定，為了安全，不允許這樣做，我便央求導遊Andy破例一次，Andy勉為其難應允了，但仍在旁邊守著，以防意外。接著，我大女兒慧珊也走過去和Bob合照。好萊塢熊果然沒有架子，來者不拒，表現得非常「親民」。有了開路先鋒壯膽，其他幾個隊員也有樣學樣，忍不住湊過去瞧瞧，合拍一張。

事實上，動物有野性，其野性難測，也許前一秒還溫馴可愛，下一秒就翻臉無情！就像《灰熊人》提姆和女友愛咪做夢也沒想到竟會葬身於和他們有著最親密關係的灰熊口裡。而這薄弱的鐵絲網，那堪北極熊那重達幾百公斤的身體奮力一撲！

所幸我們的好萊塢熊似乎頗通人性，善解人意，牠彷彿知道我們即將離去，在這告別的時刻，儘量有求必應，完全配合入鏡，滿意我們的需求。

輕吼一聲，感歎世間聚散無常，熊掌一拍，有如揮手說再見。在這人熊和諧共處的有情世界裡，雖然時間短暫卻格外讓人依依不捨。

即將到了離去的時刻，這是我們搭乘的小飛機。

北極熊跟我說再見。

和大女兒陳慧珊再度與好萊塢明星熊合影時，牠輕吼一聲好像在道別。

Part 5

飛禽物語

極地之美，瞬息萬變，極地生物，也難以捉摸預期

不過，機會到時必須立即掌握

否則下次再見都不知何年何月了，甚至遙遙無期也不無可能

為拍心中鍾愛之鳥遠赴北極

南極是一塊廣大的陸地，面積約一千兩百六十一平方公里；北極則是一片汪洋大海，面積約一千四百零九平方公里。從數據可發現它們的大小十分相近，緯度六十六點五以上的就稱做北極圈。以這樣的角度去看，其實我到北極拍熊六次，到北極圈拍候鳥已不只十次，堪稱「極地攝影達人」。勤於遠赴北極，主要原因是為了拍我心目中所鍾愛的鳥。

一般野鳥協會的會員大都喜歡拍山鳥，畫面無非是聚焦於鳥兒的特寫，或是母鳥餵哺小鳥、捕抓魚蟲的鏡頭；但我卻對高貴的鳥情有獨鍾，這種候鳥成群結隊，卻井然有序。牠們對愛情忠貞不渝，一夫一妻，長相廝守，不會因為大難來時而各自飛，特別是來自極地的候鳥、鶴類即是這種情操高貴，不可多得的鳥類，其它如燕鷗、雪鴞、雪雁、雷鳥也都讓極地的天空更顯多采多姿！

以鶴類而言，包括丹頂鶴（學名：Grus japonensis）、蓑羽鶴（學名：Antropoides virgo）、黑頸鶴（學名：Grus nigricollis）、紅鶴等等，種類繁多，我曾先後十多次到內蒙古、黑龍江齊齊哈爾、印度、日本北海道等地，只為拍攝鶴鳥、記錄鶴鳥，其中有些當時天時、地利、人和兼具的拍攝環境、條件，事過境遷多年之後，此一時彼一時，現在已經拍不到了，當年辛苦拍來的照片因此成絕響！

我鏡頭下的這些鳥，除了丹頂鶴是「小家庭」之外，其餘的大都是成群結隊的「大家庭」，牠們有時大軍壓境，遮蔽天空，有時降落大地，自成一景；如果仔細觀察，不難發現這些鳥各有其不同的生存方式，不得不令人驚歎大自然的神奇！

作者在日本北海道拍的丹頂鶴，有一種出世脫塵之美。

回顧過去所拍的鳥類照片不可勝數，光是鶴類作品足足已夠出版好幾本攝影集，受限於篇幅，僅介紹在北極圈比較活躍、且國人較罕見的雷鳥、雪雁、雪鴞等三種鳥類。

作者深入黑龍江札龍拍的丹頂鶴，絕美畫面已成絕響。

為了拍攝蓑羽鶴，作者兩度追到印度去。

北極嬌客
罕見變色鳥雷鳥

雷鳥乍看下如同雪地上一顆顆的雪球。

那天，外面零下三十多度，曠野一片白茫茫，追蹤攝影途中，領隊大叫：

「看！看！雷鳥、雷鳥！」

「在哪裡？在哪裡？」

「在那裡！正前方三點鐘方向！」

領隊馬上叫司機停車，讓我們輪番用望眼鏡觀看，我看不出所以然，看了老半天只看到雪地上一顆顆有如雪球的東西，四散堆立，領隊說：「那是雷鳥！」

他讓我們下車，大家靜靜的架起三角架。如果雷鳥突然振翅飛起，有可能成為這趟追蹤攝影的意外收穫，我滿心期待。但時間一分一秒的消逝，雷鳥卻如如不動。導遊見雷鳥毫無動靜，不得不讓我們鳴金收兵。大伙只好悻悻然收起腳架。前後足足守了近三十分鐘！

也許是對北極熊難以忘情，我又風塵僕僕六度造訪北極。也許是「皇天不負苦心人！」老天爺要彌補我上次拍攝

雷鳥是北極行追蹤攝影的意外收穫。

雷鳥終於出現了。

雷鳥正式起飛。

不著的遺憾，竟然初來乍到，第一天行軍不到十五分鐘，就在路邊的草叢讓我們發現一隻雷鳥！

連忙舉起相機猛拍，不一會又來一隻，不料，另外一隻也不請自到！

雷鳥像一個個美麗的白衣天使登台走秀，令人驚豔，看得目不暇給。這突如其來的畫面，讓我心頭怦怦跳，手忙腳亂，深怕錯失一個精彩鏡頭。

雷鳥搔首弄姿擺pose，有的形單影隻，左顧右盼。有的像老學究挺著渾圓的身軀，深思熟慮，來回踱步。有的展開雙翼，踮起腳尖，伸伸懶腰，活像個芭蕾舞者，妙極了！美極了！生平難得拍到如此罕見的鳥類，大家拍得如痴如醉，沒想到牠們彷彿為了迎接稀客的到來，還特別加演一場飛翔版的戲碼。雷鳥倏的起飛，黑白鮮明的尾翼低空掠過，煞是好看！雪一直下著，紛飛的雪花成了最佳的陪襯背景，讓我一次拍個夠！美中不足的是，忘了開啟「連拍模式」的功能，難免有遺珠之憾！

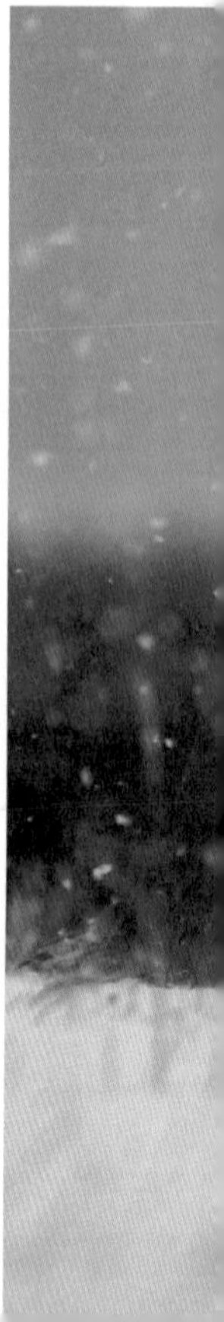

雷鳥搔首弄姿，左顧右盼。

雷鳥是冰河時期的生物，外形有點像鴿子，實際上是野雞家族中的一員，能在雪地上快步疾馳，但不能遠飛。雷鳥最讓人驚訝的是為了生存牠成了「變色鳥」，原本自衛能力很差的雷鳥，發展成羽毛能隨四季的變化而改變顏色。

春天，雷鳥披上淡黃色的春裝；夏天，換成栗褐色的夏裝，並帶有不規則的黑色及鏽褐色斑紋，在落葉和枯草叢中不易被發現；秋天，又轉變成暗棕色；冬天，改穿上雪白冬裝，通體雪白，形成極佳的保護色，即使在雪地上行走也難以讓人分辨。

德國大文豪歌德曾說：「請留神注意剎時瞬間，機會到時切莫失之交臂！」，在極地攝影更讓我深切地體悟到這句話的深意。極地之美，瞬息萬變，極地生物，也難以捉摸預期，不過，機會到時必須立即掌握，否則下次再見都不知何年何月了，甚至遙遙無期也不無可能！

這次六訪北極第一天，也許蒙天眷顧才能有如此的意外收穫，可謂踏破鐵鞋無覓處，得來全不費工夫！

雷鳥發展成「變色鳥」，羽毛能隨四季的變化而改變顏色。
(翻攝自wikiwand網站)

雷鳥 知識補充包

重要成員：柳雷鳥（Willow Ptarmigan），岩雷鳥（Rock Ptarmigan）與白尾雷鳥（White-tailed ptarmigan）。這三種鳥在阿拉斯加都可以看到。岩雷鳥也分布於歐亞北部、斯堪地納維亞與俄羅斯；在北美可發現白尾雷鳥蹤跡。加拿大與英國人稱岩雷鳥為Rock Ptarmigan，牠在美國叫Snow Chicken。

・平均壽命：兩年。

・天寒地凍的北極圈的鳥類。到了夏天變為棕褐色。牠也是技術高超的「偽裝大師」。不像一些候鳥每逢冬季到來即遷徙到溫暖的南方避冬，牠堅持留在冰點以下的極地照樣過活。隔水擋風的羽毛為其抵抗酷寒氣候的利器。

・冬季雌雄兩性分居，習慣在雪地上挖洞避寒。

・雌鳥下了約六～十顆蛋後，需要三個星期孵蛋。孵蛋期間，雄性會離家外出，將撫育工作全交由雌性負責。

・柳雷鳥於一九五五年成為美國阿拉斯加正式州鳥。

天空驚嘆號

雪雁分列式

如果說極地的候鳥類當中，有一種能遮天蔽日，震撼視野，那就非雪雁莫屬了！

徐志摩在《西湖日記》裡提到「數大便是美」這個美學概念，他寫道：「……島上棲著幾千萬的飛禽，夕陽西沉時……萬鳥齊鳴的大聲，是美；數大便是美。數大了似乎按照著一種自然律，自然的會有一種特別的排列，一種特別的節奏，一種特殊的式樣，激動我們審美的本能，激發我們審美的情緒。」

德國哲學家康德也曾定義人類的美感經驗，區分為壯美與優美兩種。他認為，壯美是心靈固有的崇高性格，受外力壓迫所激發產生，它顯示某種精神力量的被喚醒。

如果我們同意「數大便是美」，那麼，成千上萬隻的雪雁，在轉瞬之間，排隊直飛雲霄，讓藍色的天空，頓時變成一片雪白，即是一種難忘的「壯美」體驗。

仰望空中的雁群，隊伍形態變化多端，時而如細流在藍色的鏡面上緩緩流動，水過無痕；時而如散落在藍絲絨上的珍珠，熠熠生輝；時而又如在藍天的頸項上穿綴起一串串的珍珠，嬌美多姿。

北美洲上空經常可以看見以「V」字整齊排列隊形，萬里翱翔的飛鳥，在美國與加拿大幾處野生動物保護區，也得見萬鳥蔽空的獨特景觀，令人嘆為觀止。牠們就是學名 Chen caerulewscens 通稱雪雁（Snow Goose）的候鳥。

以雪為名，顧名思義，雪雁不僅是來自於冰天雪地，牠們也是名副其實的雪白。長久以來，雪

當雁群降落到湖水上，一派悠閒自在。

雪白雪雁來自冰天雪地。

雁的屬類頗受爭議，多數人認為牠們是生長於加拿大、阿拉斯加與西伯利亞的叢林，屬於北美洲稱為「藍雁」（Blue Goose）的一種，冬季為了避寒，就會飛往英屬哥倫比亞、美國西部到墨西哥一帶。

若以羽毛的顏色分類，雪雁分為「雪白」與「灰藍」兩種。「雪白」種，全身雪白，但在翅膀末端帶有黑色；「灰藍」種，全身藍裡帶灰，但在頭部、頸部與尾尖帶有白色。

另一派學者依據大小尺寸與地理分布位置，將雪雁分為小雪雁（Lesser Snow Goose）與大雪雁（Larger Snow Goose）。前者高約六十三點五～七十八點七四公分，重約二～二點七公斤，居住於加拿大中北部和白令海。後者高約七十八點七四公分，重約四點五公斤，大多棲息在加拿大東北地區。

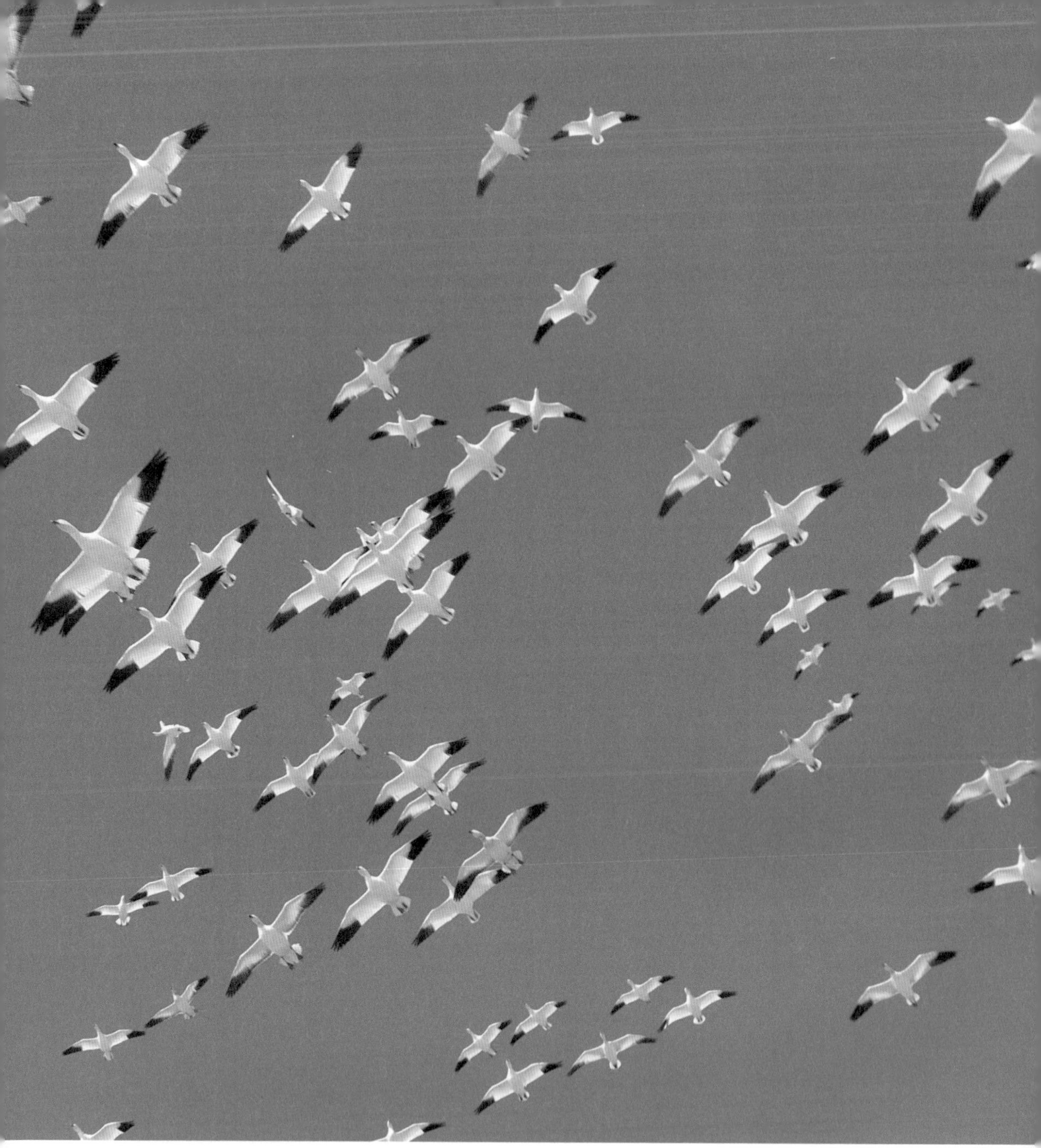

雪雁在長途飛行中，井然有序。

飛雁萬千隻　能遮天蔽日

有一次，我和友人到新墨西哥州（New Mexico）阿巴克奇市（AlbuQuerQue）以南一百哩外的阿帕契之林國家野生動物保護區（BosQue Del Apache National Wildlife Refuge）進行雪雁和沙丘鶴拍攝工作。

阿帕契保護區核心地區包含將近十五平方公里的沖積平原和三十七平方公里的溼地與灌溉農場。此地吸引了大批鶴與雁，以及大約三百七十七種的鳥類避冬，尤其每年十一月和二月下旬，有為數超過一萬隻的沙丘鶴和二萬隻的雪雁在此駐留，成為特殊景觀，感恩節前保護區並舉辦「鶴鳥節」（Festival of the Cranes）吸引各地遊客。

我們此行拍攝的重點是日出、日落之時，雁群飛行的壯觀景象。

當地日出是清晨六點五十九分，時間短暫，稍縱即逝，卻有攝影者最期待的晨光與色溫。為了這一刻，我們早上五點多起床，在天未亮的六點前就摸黑出門。進入保護區後，先選定拍攝位置，架好三角架，檢查ISO、曝光值。由於，該地海拔高度約一千三百～一千九百公尺，日出前溫度降至攝氏零下，冷風颼颼，我們每人都把自己裹得密不透風，與大自然進行一場抗寒作戰，耐心冷靜地等候石破天驚的一刻。

雪雁素以大聲喧嘩聞名，遠在一哩外都能聽見牠們的叫聲。

果不其然，不久，雪雁大批出現了。上下盤繞飛旋，夾帶懾人的高聲鳴叫此起彼落，如同殺聲震天的大軍壓境，刺激著我們每一吋神經。空中的雁群們密集地飛翔舞動，瞬間捲起千堆濃雲，將天空遮蔽，若非鳥色雪白，恐怕此刻已如黑夜，讓人不禁想到驚悚大師希區考克的經典電影《鳥》。

雪雁壯闊飛舞，令人嘆為觀止。

更令人不可思議的是，成千上萬隻的雪雁集體行動，在看來幾乎已無移動空間的狀況下，以人類難以理解想像的規則，前後上下，交織一片，甚至迎面錯身而過，卻不會撞在一起，隨後，難以估計的滿天雪雁，如同進行空中分列式一般，高高低低，井然有序。家族大一點的幾百隻，小一點的幾十隻，以一種似經排練過的動作，分批降落湖面，過程長達四十～五十分鐘。

另外，雪雁還以一種獨特的波浪狀隊形飛行，並且，分布在不同高度，飛行過程中不斷上升和下降，以調節體力，領頭鳥的位置也會不斷變換，雪雁的家庭凝聚力很強，在往南過冬和朝北回老巢的遷徙途中，一家人始終井然有序，一路相隨，直到返回極地孵育處。

或許，有些人會對雪雁在長途飛行中，為何會井然有序地排隊前行，感到好奇。其實，雪雁在空中結隊飛行，除了不斷上升和下降來調節體力，另外，牠們會利用前面的同伴鼓動翅膀，所產生的上升氣流，在高空中滑翔來節省體力，這就像海底魚類的群游原理，後排的魚跟著前排的魚游動時帶動的水流來向前游動，利用減少游動時的阻力以節省體力。

當雁群降落到湖水上，一派悠閒自在。不多時，領頭的雪雁倏忽拔地躍起，駕風而去；雪雁家族便分批追隨，最後餘下的雁群同時自地面撤離，在一陣宛如狂風肆虐的振翅聲中消失無影，對照於轉眼之間的聒噪喧囂，此刻湖面波平如鏡，寂靜無聲，彷彿什麼事都沒發生。

雁群降落，一陣聒噪喧囂。

雪雁降堤岸　列隊待閱兵

我們的鳥導Peter十分專業。他推測倏地消失不見的雪雁是去麥田覓食，隨即開車帶我們追蹤而去，憑著直覺與經驗，找到一片遼闊的麥田，果然不久後，即看見雪雁再度從四面八方飛來。

雪雁在空中飛翔時，一圈又一圈地環繞盤旋，似乎在觀察地形，尋找到好落點再行降落。於是，一隻隻潔白的雪雁，就如一朵朵棉絮，一一飄落堤岸；更如一架架飛機，在沒有塔台指揮的情況下，一架接著一架降落堤岸跑道，縱列成隊，整齊前進，讓地面上的我們過足了國慶閱兵指揮官的癮。

待雪雁全體降落後，再分批有序地朝向麥田覓食，不同的鳥群之間則嚴守分際，彷彿有道隱形的楚河漢界，隔著一邊密密麻麻的雪雁，以及另一邊稀稀落落的沙丘鶴，涇渭分明，互不侵犯。

沙丘鶴翅膀輕拍　能滑翔數小時

沙丘鶴（Sandhill Crane，學名*Grus canadensis*）有「加拿大鶴」之稱，原產於加拿大哈德遜灣，主要生長於北美洲與西伯利亞東北部盡頭。每年冬天，沙丘鶴會成群結隊移往南方避寒，夏天又遷回北方。除了丹頂鶴性喜單獨行動之外，其餘的鶴類如沙丘鶴、黑頸鶴等，天性都偏愛集體行動。鶴類對於愛情也大都忠貞不二，沙丘鶴的求偶儀式，充滿了浪漫的絕世情挑，牠們引吭高歌，琴瑟和鳴。雖然外觀上，雄雌難辨，但主動求偶者一定是雄鶴。求偶期間，當雄鶴發出一聲鳴叫，會立即引來雌鶴兩聲回應，乍聽之下，猶如旋律優美的二重唱。

我在此地曾親眼看到一雌一雄兩隻沙丘鶴，正以優雅的姿勢彼此手舞足蹈，舞步如跳曼波、恰恰，揮翅則如天女散花，千姿百態，詩情畫意。這一切好像是遵循已久的古老儀式，行禮如儀完畢，雙方互相低頭敬禮，然後又邊唱邊跳，重複原來的動作，頗有情趣，令人豔羨。

一隻隻潔白的雪雁，就如一朵朵棉絮。

沙丘鶴一雌一雄，揮翅如天女散花。

沙丘鶴夫妻情深，任何一方若受了傷，又遇上大軍班師回朝的遷徙期，無法緊隨團體行動時，勢必落單而回不了老家，這時牠的另一半會選擇留下照顧，不離不棄的精神，值得人類效法。

沙丘鶴以每批約二十～一百隻為一組，組成遷徙大軍，飛行沿途不時高聲叫喚，似乎是在交換有關飛行或變換隊形的訊息。牠們展開翅膀時，寬度達一百六十五～兩百一十公分，已近似鷲和老鷹，能夠利用熱氣流順利滑翔數小時之久而僅消耗一點點能量，需要增加續航的力道時，只消偶爾輕拍幾下翅膀，就足夠下一波段的翱翔。

太陽下的　銀灰色光芒

如沙丘鶴有一雙修長的腿、堅挺的長喙、潔白的臉頰與鮮紅的前額，做為一個聚焦下的攝影特寫，無論是整體線條或頭部的顏色對比，都十分搶眼。

羽色方面，雛鶴上半身為紅棕色，下半身

沙丘鶴偏愛集體行動。

黃昏時的沙丘鶴，格外有一種美。

為淺灰色；成鶴則全身灰羽。有趣的是，由於棲地附近的土壤含有氧化鐵，成鶴會把紅棕色的泥土抹在身上，原因不得而知，但科學家猜測與偽裝或去除害蟲有關，甚至是單純為了裝飾自己。

飛行的時候，沙丘鶴伸直了頸子，雙腿向後擺，面朝正前方，乘風優遊翱翔，時而在陽光的襯托下，身上閃著銀灰的光芒，姿態優雅，不禁讓人想起已經步入歷史的法國協和式超音速噴射機（Concord）。

值得一提的是Peter鳥導的敬業態度實在令人讚賞，不僅事前做足功課，甚至還提早一天到現場觀察了解地形，我們才能拍到不同凡響的作品。這次他推估拍攝地點氣溫會很熱，沒想一到現場卻轉為異常寒冷。他的上衣很單薄，我便把當初老婆大人送我的一件Dunhill名牌大衣送給他。

此時此刻，雪雁雖和沙丘鶴和平共存；不過，一年四季裡面，雪雁有超過半年時間都在遷移途中，是標準的空中遊牧民族。

如同我親眼所目睹的震撼場景，每逢冬天來臨，成千上萬的雪雁成群結隊，進行極其壯觀的鳥類大遷徙。雪雁飛行速度很快，每小時可達八十公里，牠們能在兩千兩百公尺高空，利用氣流日夜不停地飛行七十小時，總飛行距離高達四千公里。遷徙之前六週，可以一天二十四小時都在進食，以因應這趟超級長途飛行。

幾十年以前，雪雁都在海岸邊的濕地過冬，利用短而有力的鳥喙挖取濕地野草的根為食，近幾十年來，雪雁冬季覓食行為改變，牠們在九月就到大草原撿食農田裡的穀類，一直到四、五月才飛回北極的繁殖地。

有趣的是，當雪雁成年以後，經一年拍拖，如果情投意合，便「緣定終生」，之後就開始生育下一代。每年五月底、六月初之交，在淺土上用枯樹枝和散落地上的羽毛築巢下蛋，每次約三～五顆，蛋殼成乳白帶灰色，大約二十二～二十五天即孵出小雁。

從母雁下蛋到小雁孵出的幾週裡，是處境最危險的時候，因為北極狐和賊鷗會不時偷襲，因此雪雁會選在雪鴞出沒處附近築巢，來嚇阻北極狐和賊鷗的靠近。

雪雁是素食動物，平均壽命約二十六年，習慣覓食野草、雜豆，以及淺水塘、濕地的五穀雜糧。小雁孵出幾小時後，便可自行游泳覓食，四十二～五十天後，就可以飛翔，但要離開父母，獨闖天下，必須到二、三歲才有辦法。另外，雌雁非常念舊，常回「娘家」探望牠以前孵蛋育兒的地方。

雪雁覓食時也非常循規蹈矩，像是分配好範圍一樣，一群群飛到不同的地方尋找食物。吃飽後，

寄望鳥類都能在安全無恐懼的氛圍中成長。

又似聽從指揮官一聲令下，突然「轟」地一聲，默契十足地振翅而起，雁影密密麻麻，讓人眼花撩亂，仰望雪雁滿天，似曼妙的精靈，凌空飛舞，美不可言，如此壯闊奇景，讓人感動莫名，只能在心中讚嘆造物者的神奇力量！

我們在觀景台那邊，足足拍了兩個多小時。回想一開始雁群出現時，由於數量之多、速度之快，讓人一下子來不及反應，當時震懾於鳥群的氣勢，大夥一陣手足無措。因為長鏡頭只能擷取局部畫面，一時竟完全無用武之地。其實，拍攝雪雁，除了長鏡頭可以捕捉極具意境的構圖外，還需有廣角鏡頭，甚至魚眼鏡頭，才可能囊括群鳥蔽天的壯闊場面。

然而，我當時手腕受傷，仍在復健中，只帶了普通鏡頭，幸好回神過來，急中生智，猛然想起何不使用相機的錄影功能？於是將雪雁有秩序地降落和起飛的驚奇場景一一入鏡。匆忙之間能把這一場驚心動魄的畫面記錄下來，大有「失之東隅，收之桑榆」之快。

其實，我相信人生有得有失，一切上天自有巧妙的安排。光是欣賞到這種生態景象、攝錄到這樣壯觀的畫面，已是罕見至極。期間心臟不時怦然作響，更有不虛此行之感。

拍攝任務大功告成之後，我在回程路上靜靜地回味，細細地咀嚼剛才所出現的人間美景。心想，有幸能目睹萬千雁群活動的生態奇景，無疑是人生一次寶貴的經驗，它使人的視野得到開闊，美感得到啟發，精神得到洗滌。不過，如果不是人們懂得保護生態，雪雁如何得以大量繁衍，我們又如何能親眼目睹如此令人歎為觀止的驚豔場面？

美國有著「人不騷擾鳥」的文化，努力讓人類與鳥獸的生存取得和諧。以「阿帕契之林保護區」為例，觀鳥區域和動線規畫，以及重點位置上都有告示，並以清楚的文字說明在那裡可能會拍到的鳥及動物種類，也設有固定的望遠鏡，方便讓人賞鳥，不致騷擾鳥類的生活作息，讓鳥類處在一種「沒有恐懼、只有安全」的氛圍中成長。如此體貼細心的人性化設計，可供我們借鏡。

仰望雪雁滿天，凌空飛舞，美不可言。

哈利波特的信差

雪鴞

小說《哈利波特》當中扮演「信差」角色的雪鴞（Snowy Owl），原棲息地在北極凍土苔原，目前全球僅存數千隻（人類眼中，人人喊打的過街老鼠是牠們可口的食物，旅鼠多寡直接影響雪鴞的繁殖力，獵物多時多下蛋，獵物少時下蛋數量跟著減少，甚至不下蛋，自動調節生育節奏，以免影響幼鴞存活率）。人類節育要靠結紮、避孕，雪鴞跟其他貓頭鷹一樣，食物來源減少，牠們即不進行生殖活動（因應環境變化因素而自我調整生殖頻率），這種上帝特別的賞賜，天賦異秉，與眾不同的能力，可謂生存智慧的佐證，也可稱為大自然的奇蹟！

帶著一點探秘的心情，二○一二年元月，我們在鳥導Hank的行程安排下，專程到雪鴞度冬聖地——加拿大邊界海灣（Boundary Bay）觀

雪鴞在電影《哈利波特》當中扮演「信差」的角色。

察、拍攝雪鴞。

邊界海灣位於加拿大英屬哥倫比亞省（Province of British Columbia）和美國華盛頓州（State of Washington）之間的北美太平洋沿岸，因位於美加邊界而得名。它被西半球水鳥保護網（the Western Hemisphere Shorebird Reserve Network）規劃為一處半球保護區，也是加拿大的一處重要的野鳥區，它的潮泥灘（mudflats）、廣闊的鰻魚草海床（eel grass beds）、鹽鹼灘（salt marshes）為季節遷徙性的水鳥所需的能量來源，提供了異常豐盛的海洋無

雪鴞過度飛翔會消耗體力，影響過冬，告示牌以侯鳥為意像，提醒大家勿驚動雪鴞。

脊椎動物，是候鳥飛行路徑中的重要中途休息站；在候鳥遷移期間，候鳥遷移數量可高達十萬隻。

溫哥華地區是華人餐廳美食最豐富多樣的地方，導遊除了帶我們去品嚐各種不同的地方特色美食之外，溫哥華也能看到少見的過境候鳥雪鴞，雖然雪鴞通常出現的數字是個位數，而且停留沒幾天便離開。但是每四年會出現較多的數量，而且會留下來過冬，原因跟旅鼠的數量有關，旅鼠是雪鴞喜愛的主食之一。據報導，在一九九六年，加拿大大塭出現過大量的雪鴞，但二〇〇〇年就缺席了。二〇〇四～二〇〇六年復現蹤跡，二〇一一年十一月，大溫哥華地區才又陸續傳出雪鴞的蹤跡。

在行程的第一天，我太太陪我去，大女兒也特地由舊金山飛到溫哥華和我們會合。她們對於如魔鬼訓練營般的極地拍攝很好奇，也很想試一試，沿著附近有雪鴞出沒的堤岸拍了幾張照片，但是雪花紛飛，氣溫又低，溫哥華一年難得幾天下雪，那幾天卻躬逢其盛，地上的雪花被強風吹得滿地打滾，溫度一度低至零下十五度，她們實地見證後才知道原來我外出攝影時是如此的千辛萬苦，她們折回飯店，並在中午幫我們買便當，讓我們在攝影時可以全神貫注。

一般賞鳥人或攝影者大都在堤岸步道上的對面拍攝雪鴞，我們的導遊Hank是旅居溫哥華三十多年的老馬了，他告訴我們取景要深入，要特別轉個彎繞了一大圈，深入沼澤濕地之中，才能夠掌握最佳視野與角度。

我們頂著暴風雪，有時一站就是幾個小時，為的就是要捕捉幾個精采鏡頭。早上六點就出門，五天中至少有兩天，一直拍到夕陽西下才回酒店。此外，在遼闊的草原沼澤，除了得要耳聰目明尋找雪鴞蹤跡，還得步步為營，穿著雨靴、扛著攝影器材步入沼澤地，踩在軟硬不一的泥土上，必須如臨深淵，如履薄冰般地小心謹慎，注意別踩進泥濘的沼澤，弄濕襪子和褲子，冰冷的水透進腳底，不但不好受，還得回酒店更換。

在等待的過程中，我們的導遊Hank告訴大家調整角度，對準九點鐘方向，我迅速使用連拍功

我們特別轉彎繞圈，深入沼澤濕地，守株待兔。

內人和大女兒也跟著我們前進攝影，大女兒蹲下來架起三角架拍照。

飛行版的雪鴞。

能，果然拍到了飛行版的雪鴞，在心跳加速之餘，突然又看到了不同品種的雪鴞，匆匆掠過，但牠只是天空中驚鴻一瞥的過客。一連串的驚喜讓我怦然心動，更有耐心地等待，這時從北極飛來的純正雪鴞由天而降，真是太幸運了，在加拿大溫哥華竟也能拍到北極內陸才有的鳥類！

這些雪鴞彷彿是天生的演員，對著我們的鏡頭如蝙蝠俠般地瀟灑空降，高喊「我來了！」，並刻意揚起翅膀，擺出V字型的勝利姿勢。

辛苦還是有代價的，我拍到了雪鴞的各種豐富表情，牠們或者猛打哈欠或引吭高歌，都讓人看了開懷大笑。而有的雪鴞似乎不怕人類，對著騎馬而過的巡邏員，彷彿司空見慣，視若無睹。

雪鴞看似引吭高歌的樣子很討喜。

天上天下，唯我獨尊！

有趣的是，我還看到了一對雪鴞，牠們一開始相互吸引，打情罵俏一陣之後，也許看不對盤，拍拍翅膀就說再見了！

雪鴞是貓頭鷹當中的一種，貓頭鷹經常被視為聰明的動物，因為貓頭鷹有三百六十度的全視角，希臘神話故事裡頭的智慧女神雅典娜（Athena，羅馬稱之為米娜瓦，Minerva）身邊就站著一隻貓頭鷹，牠是智慧女神的守護者，連帶使貓頭鷹也有了智慧的意涵，西方的寓言故事常把貓頭鷹視為動物之間爭執的調和者，所以西方會有「as wise as an owl」的諺語，漫畫也常把貓頭鷹戴上一頂方帽子，視牠為博學多聞的智者。

德國哲學家黑格爾說：「陰暗的環境中容易產生思想，過度的強光會讓人精神崩潰。」在他看來，哲學就像米娜瓦的貓頭鷹一樣，牠不是在晨曦中迎旭日而飛，也不是在藍天白雲自由飛翔，而是在黃昏降臨時才悄然展翅。黑格爾用這個比喻告訴我們哲學的反思，他為我們提供另類的思維方法。

溫馴的外貌　威猛的靈魂

以上認知，反映的是文化的差異。東方文化裡，貓頭鷹有神祕、黑暗、奸險、不孝、死亡的象徵意涵，文獻記載貓頭鷹「子食其母」，由貓頭鷹而來的字詞「梟首」、「梟雄」都是負面的。在古巴比倫人眼中，貓頭鷹的叫聲代表難產而死的女人的聲音，匈牙利和古埃及視貓頭鷹為死亡的符號，阿拉伯人視其為死去者的靈魂化身。阿根廷彭巴草原的印地安人也有禁忌，有「惡魔的姐妹」——鴞出沒的地方，絕對不紮營。

雪鴞本非英國原生鳥，卻刁鑽地飛進了英國作家J・K・羅琳（J.K. Rowling）的小說《哈利波特》裡。孩童們擠在電影院，興奮地看著哈利波特的寵物「嘿美」（Hedwig）飛來飛去為主人送信，接受主人的指示去啄咬特定對象，牠是哈利波特的忠實伴侶，會輕啄主人的耳朵和指頭。牠善解

不來電，各奔東西。

雪鴞定力極佳，一個姿勢可以維持好幾個小時。

人意，既聰明又驕傲，還會對主人不遜的言詞表達不悅，大受男女老少歡迎而舉世聞名。

然而真實世界裡的雪鴞，卻全然不是這麼一回事。真實動物世界裡，雪鴞是一種猛禽，是位於食物鏈頂端的掠食性鳥類。牠惹人憐愛的長相與狀似溫馴的外貌，潛藏著一顆威猛的靈魂，只要有狐、狼等外敵侵害幼鳥，牠可是會馬上衝出來與敵人廝殺，像極了拚命三郎。

千萬不要低估了雪鴞，一隻成鴞力大無比，全力衝撞時可將一名成年人撞倒，即使是幼鴞的眼睛，都會發出炯炯有神的精光，對視之下，令人不寒而慄！若非親眼所見，一般人難以感受。

雪鴞的學名是Nyctea Scandiaca，跟大多數棲息於熱帶地區的貓頭鷹不同的是，雪鴞的棲息地在北極凍土苔原，和習慣棲息於樹枝的鳥類不一樣，雪鴞喜歡佇立於雪地、枯樹幹，或在空曠地方徘徊，是否因為偌大的空間，讓牠們聯想到一望無際的北極呢？絕大多數的貓頭鷹都是「夜光族」，白天睡懶覺，入夜之後才出門活動，雪鴞則不然，清晨和傍晚才是牠最努力幹活的時刻，尤其是夏季，這跟北極近乎全年白晝有關。極地陽光有限，最高溫僅攝氏四度，除了六、七、八這三個月氣溫可達攝氏零度以上，其它都籠罩在一片冰天雪地之中，所以雪鴞必須抓住僅有的短夏，整日捕獵，以便為嚴峻的寒冬積攢食糧。

雪鴞的雌鳥略大於雄鳥，展開雙翅時約有一百二十五至一百五十九公分的長度，高度約有五十二至七十一公分，體重則約一點六至三公斤，野生的壽命約五至十年，圈養的壽命則達二十八年，一說可達三十五年。

雪鴞有「極地精靈」的美譽。

耐心等獵物　雙耳如雷達

雪鴞定力極佳，經常一個姿勢維持好幾個小時，不怕生也不易受驚嚇，個性沉穩，不動如山，潛心等待獵物的出現。雙耳靈敏如雷達，能聽音辨位，立時抓住草叢或土堆裡的老鼠。牠眼力奇佳，眼觀四方，一發現獵物出現即冷不防地飛衝而出予以捕殺。因為原始棲息地在北極雪地，所以除了發展出牠的保護色，雄鴞身白，與雪色合一，雌鴞身色灰褐，與枯枝近似，毛茸茸的雙爪也有利於牠久棲於冰天雪地之中。牠的羽毛有特殊絕緣功能，能夠抵擋強風，避免體熱散失，即使處在寒風呼嘯的攝氏零下四十度低溫環境中，仍然不為所動。

雪鴞是一夫一妻制，直至終老，喜結伴飛行。每年五月中旬至九月中旬是雪鴞的孵育期。雌鴞一次下蛋三至十一個不等。雌鴞孵蛋時，雄鴞負責餵食，此時，根據《國家地理雜誌》（*National Geographic, December Issue, 2002*）的調查報導，雪鴞需要數百成千的老鼠來餵食雌鴞和幼鴞，食物多寡直接決定了幼鴞的存活率。孵育出來的幼鴞得一個月左右才會長滿柔軟的羽毛，一個半月才能跨出巢外，在父母的照顧教導下做為期十個星期左右的自由飛翔。但是成鴞是難得飛行的，即使飛行，高度也不高，以避免無謂的體力耗費，並適應環境和獵物的變化。

雪鴞對獵物的吃法類似蛇，可將小獵物一整隻吃下肚，先由強酸性的胃液消化掉獵物的皮肉，其他消化不了的羽毛、骨頭、牙齒等，會儲存在前胃裡，慢慢壓縮成小球粒狀，約十八到二十四小時之後再一一吐出，此種吐出物稱之為食繭（Pellet），成為專家研究雪鴞飲食狀況的素材，包括獵物種類、食量等等，都有蛛絲馬跡可循。

雪鴞除了在牠的原始棲息之地北極，地球極北之地的加拿大、俄羅斯、冰島、格陵蘭島也可以見到牠們零零星星的足跡。以往冬季南遷時，也只在北緯五十度以北的加拿大、北歐、美國西北部和阿拉斯加覓食過冬。牠們是一個逐獵物而生的遊牧民族，在環境的變化之下，也不得不隨著獵物的轉變而遷徙。當他們漸漸失去獵物來源的時候，牠們就必須向南而行，鳥類專家發現，距離北極凍土苔原三千公里外的美國中南部各州，愛荷達州田園、蒙大拿州的民房屋頂、密蘇里州的高爾夫球場、麻薩諸塞州的海邊，竟然已可見到雪鴞的足跡，跨越了北緯五十度以北的界線。

專門研究北極凍土苔原雪鴞生態的蒙大拿州貓頭鷹研究所所長丹福‧哈特（Denver Holt）表示難以置信，認為這是最近數十年來最重大的生態改變事件。雪鴞被發現的最遠地點在奧克拉荷馬州，鳥類專家目前只能將這種現象視為「自然野生動物生態之謎」。

極地精靈　魁北克的市鳥

全世界已知的貓頭鷹就有二百一十三種不同的種類，台灣總共有十三種。當人類活動的版圖擴張時，貓頭鷹的活動空間就跟著減少。由於人類人口數增加，對自然環境資源的超限度利用及過度開發，棲地減少、支離破碎，或因殺鼠劑、殺蟲劑等化學藥劑汙染，導致棲地劣質化，造成貓頭鷹的生存危機。

從拍攝雪鴞、丹頂鶴等自然保育類野鳥的經驗中，我深深感到，必須尊重其他動植物的生存空間，孕育與自然環境和諧共生的文化和生活態度，在發展「物質文明」的同時，也把「自然文明」加上，這樣才是人世間可長可久的文明資產。

雪鴞的美麗身影和西方的智慧傳說，為牠帶來了「極地精靈」（Ghost of the Arctic）的美譽，加拿大魁北克市就以雪鴞為「市鳥」，也為雪鴞樹立了一個特殊的地位。當人群意興遄飛地在談論著《哈利波特》的「信差」時，我鏡頭下的極地天使和精靈——雪鴞，在空曠的雪地拉出一聲冷冽的長嘯，一直迴盪在我的心裡。

鳥禽復健中心　他山之石

二〇一二年初，去過一次加拿大溫哥華，捕捉雪鴞身影；聽說雪鴞要飛回去了，三月初又去了第二次。拍攝期間，我特地拜訪鳥禽復健中心（Rehabilitation for Birds of Prey），這是專門收留受傷的貓頭鷹和猛禽，實行人道主義的照護與教育機構。其設立目的為保護並協助受傷或失親的野生動物，且以保護級動物為優先，最終目標則是讓牠們重返大自然。中心裡面有三名志工，都是在學的大學生，他們給我看了三隻受傷又餓壞的雪鴞，表示，牠們今年走不了了，至少要留置觀察、照顧一年，如過復健狀況良好，第二年就可以有計劃地野放，讓牠們跟其他雪鴞飛回北極。

作者在日本貓頭鷹之家。（上右）
兩個孫子和貓頭鷹玩得很開心。（上中）
貓頭鷹依偎在兒子陳新泰肩上。（上左）
希望人和動物都能這麼和諧。（下）

【同場加映】貓頭鷹　外一章

二〇一七年三月，兒子陳新泰安排一次家庭聚會到日本旅行。

知父莫若子，他知道我喜歡貓頭鷹，調查尋找日本何處有貓頭鷹之家，果然皇天不負苦心人，他找到了一家養了八種貓頭鷹的店。

行前兒子特別向店家交涉，希望包下場地，由店長解說貓頭鷹的種類、習性等等，並讓我們隨意攝影，以慶祝我的八十歲生日。

店家感受到他的孝心，當然應允了！我和兒子、兩個孫子因此能夠和貓頭鷹貼身合照。「有朋自遠方來，不亦樂乎」，貓頭鷹也非常配合，毫不怯生的讓人近距離拍照，小「鷹」依人的樣子，更令人心生疼惜，希望人和動物都能這樣和平相處，共生共存！

Part 6

探險基因

旅行的過程可能有些辛苦，但絕對會令人回味無窮

「不經一番寒徹骨，焉得梅花撲鼻香」，到北極就是最好的寫照

是我的母親，把探險的基因，遺傳給我

探險基因
超越與重生

所謂「行萬里路，破萬卷書」，試問如果事先不下點功夫，又不聽導遊解說，上車下車尿尿睡覺，趕場式的旅行，走馬看花，可勝讀十年書嗎？

西方有一句諺語「No Pain, No Gain.」意謂沒有痛苦，就沒有收穫。旅行的過程可能有些辛苦，但絕對會令人回味無窮，「不經一番寒徹骨，焉得梅花撲鼻香」，到北極就是最好的寫照。

是我的母親，把探險的基因，遺傳給我。

遙想八十年前，在船上望著大海的母親，不知是何等的心情？她，流下了眼淚嗎？我的母親，既傳統，又超越傳統。我父親自日本法政大學政經系畢業後，經由相親認識我母親，對這個剛從彰化高女畢業的女子一見鍾情，決定非我母親不娶。

沒想到我母親出了奇招，她說婚後可為陳家生個孩子，不論是男孩女孩，但生產過後她要繼續學業，赴日留學，攻讀醫師學位。這提議無異是個震撼彈，雙方家長都不認同，因為習醫之路漫長，醫師學位至少要讀六～七年才能取得。經過多次溝通，雙方家長提出折衷方案，改讀三年即可畢業的藥劑師。父親也同意了，陪她到日本留學，自己考入勸業銀行總行上班，是當時唯一的台灣人。因此，婚後的第二年，年方十八歲的母親即為了夢想，忍下心把三個月大的我留在南投縣名間鄉的外婆家，讓三位阿姨輪流照顧我。

伯父到東京探視，我上東京幼稚園。

大妹在東京出生時的全家福合照。

母親是這樣努力追尋夢想的人。她的母校目前還存在，記得二〇一四年當時的總統夫人周美青還特別帶領「原聲童聲合唱團」參加東京昭和藥專「少年少女合唱祭大會」，並以故宮國寶翠玉白菜複製品當見面禮，促進台日文化交流。

母親多才多藝，當過教員，開過藥廠，而且廚藝一流，有時我懷疑她上輩子可能是西方人，因為她只喝咖啡當飲料，而且不吃稀飯。

母親生財有術，家裡的經濟多半仰賴母親，她為事業鍥而不捨，對工作非常專注，全力以赴，除了在埔里開設泰源藥局，還創立泰源毛線編織補習班，除了招收學員，學費入帳外，另外也承接許多毛線編織代工業務。由於編織手藝和能力獲日商賞識，應聘為毛衣外銷工廠廠長。

父親忠厚木訥，回到台灣後，從商不順，由台中返回埔里，當時伯父開設「123藥局」，我們寄居伯父家二樓，洗澡時只能和伯父一家人輪流使用浴室；母親經過兩年工作後，居然有能力在日式舊居西康路三十四號蓋起全埔里最高的三層樓房子，從此我們才有自己的房子，可以舒舒服服的洗澡。

母親雖然勤於賺錢，但也懂得犒賞自己。生前，她曾運用父親的退休金湊足了二十四萬，一次全數花光，只為追逐夢想——環遊世界三十天。那對於那時剛大學畢業的我，踏入社會服務月薪是一千六百元，對我來說，必須不吃不喝的工作十二年才能賺得。

母親愛看小說，是瓊瑤愛情小說的忠實讀者。她喜歡藝術，永遠在學習新的事物，絕不停滯。她六十二歲移民美國，開始學習繪畫和雕塑，並在洛杉磯社區的繪畫比賽中得到第二名，由她初期的油畫，成熟的技巧和色彩運用，竟然看不到新手的生澀。我也遺傳到母親這一方面的喜好，年輕時，我算是文藝少年，喜歡文學，夢想當作家，但是生性內向、害臊，不敢用真名，常用川流的筆名，在報紙、刊物投稿，大半被退稿，偶爾被《中央日報》、《台灣新生報》、《青年戰士報》刊登時，會高興好久好久。我初中時的摯友徐瑞萬，四十年後才發現原來「川流」這位作者是他的同學「陳維滄」，還大力地拍拍我的肩膀。

母親對我的教育是希望我養成獨立的精神，我大學畢業後想赴日本深造，母親卻不贊成；但是我妹妹東吳大學會計系畢業後，她卻願意賣掉陳家祖產十甲地，讓她留學。這有點不合情理，我百思不解，卻也沒有一句怨言。隨著年紀增長，慢慢能體會出母親的用心，她不給我任何奧援，是想激勵我自力更生，培養自我打拚的精神。

我的母親個性豪爽，喜歡購物和餽贈親友。她往生後，我在她房裡找到了八十七個包包，百多條圍巾。我那好脾氣、勤勞、簡儉的父親對她一向包容，不但容忍她滿屋子的色筆、顏料，還支持她買電窯從事陶藝創作。

母親樂天知命，從不怨天尤人，這一生，我從未見她流下一滴眼淚，即使在父親與妹妹的告別式中，也僅止於雙眼濕潤。在母親患大腸癌並擴散到肝臟的那段日子，我們的心情都相當沉重，母親居然若無其事，每晚照樣欣賞民視的連續劇。她若無其事的照常生活，即使她逐漸衰弱舉步維艱時，仍婉拒女兒協助上洗手間。五個多月來，很多親友探望母親，母親從來不訴苦，絕口不提病情。

病症末期，有很多肉體上的病痛，醫師每天查房時，都會問她：「阿嬤，妳好嗎？」「那裡不舒服？那裡痛？」她每次都說：「嚨嘸痛！只是嚨不想要吃東西，想睡覺！」

人的一生，離不開生老病死，從母親的身教，讓我深深體會到，一個人若能戰勝對死亡的恐懼，看淡生死，還是可以很瀟灑的來去自如！

母親62歲開始習畫，作品堅毅中藏著溫柔。

母親的陶製作品，送給我的禮物。

感念父德澤
欲養親不待

母親遺傳給我勇於嘗試、追求夢想的基因。然而，更讓我感動的是父親給予我的——慈悲的身教。表面樂觀的父親，養育五位子女相當艱苦，他一生任教於中學，總是笑臉迎人，學生都稱他「不倒翁」，但實則抑鬱不得志。在家族同輩中，他有兩位堂兄都是系出台北帝國大學（現為台灣大學）的醫生，其中一位陳景崧更是首位在台灣獲得台北帝國大學醫學博士的人，不但自己開醫院，事業還擴展到中國武漢，開設輪船公司以從事遠洋漁業。

父親雖然也有考取牙醫，但當時牙醫不受重視，買了牙醫器材，念了一學期，即退學，到東京考上法政大學政經系。二次大戰時，美軍轟炸日本東京，伯父見情況危急，催促父親趕緊回台。父親即帶著我和母親以及在日本出生的妹妹搭船回台灣。回來後卻後悔了，因為美軍轟炸的情況並不如想像的嚴重，而父親當時是日本勸業銀行總行唯一的台灣人，如果留在日本會有較多的發展機會，同時期留在日本的台灣人，有的在淺草區置產，不乏已成了大地主。父親返台後，經營台中糖廠生意，虧損連連，又折回埔里投資種植杉木和菸草，一樣賠錢，父親雖系出法政大學政經系，卻不是從商的料，從此安於教職工作，在埔里中學教三角和幾何。

父親不但屈居堂兄們的光采之下，堂兄們每逢春節到城隍廟拜拜路過我家，過其門而不入，看冷暖人間，讓我立下志向，有生之年一定要為父親爭一口氣；在自己的小家庭中，父親也不及母親事業上的活躍。但是，他的慈悲，讓學生們一生感念，讓我願意來世再生作他的孩子，孝敬奉養他。

我的父母親。

全家福。

除了教學，父親更注重生活教育。父親是我的太太林恭女的中學導師，太太常與我聊及，很懷念中學時代週末看電影的日子。父親每回看過好的電影，便會與電影院交涉，為學生爭取半價優惠電影票，到了週末，領著全班學生去看電影。在過去以打罵教育的年代，我曾經聽說過有一位堂兄曾被伯父將頭壓入水缸中，但我這輩子，父親從未打過我，他尊重孩子的選擇，我相信，這深刻的影響了孩子們的性格發展。

父親的忍耐功夫一流，家裡大大小小的事都由母親作主，彷彿母親才是一家之主似的。有一年，我父親和校長因為雙方家庭的兒女小事起爭執，校長大聲斥責他，我父親委曲求全，提出辭呈，希望了事。母親對父親息事寧人的作法很不滿，我眼睜睜看著父親忍氣吞聲，屈辱偷生，實在嚥不下這口氣，主動出擊，在了解事情的前因後果，來龍去脈之後，找校長理論，告訴校長錯不在單方面，這時校長態度才軟化，平息了此一風波。

父親對子女的愛是默默付出的，我念台中一中高二時，在升學主義掛帥的氛圍下，卻不務正業，不專注在教科書上面，反而愛讀《野風》、《大學雜誌》、《自由中國》等雜誌，結果學期末有三科不及格，當時學校三科不及格得留級，四科不及格就得退學。父親接到通知後，看我物理、化學成績差太多，已「回天乏術」，但英文分數五十九分，或許「仍有可為」。也不知他是如何連繫到英文老師，他帶著一籃水果，專程搭了公路局的車，花了兩小時到學校，並親自拜訪英文老師。

他一方面愧疚地說，自己做為一個老師，卻養子不教，沒把孩子教好，為我偏愛讀課外書而荒廢課業致歉；另一方面，他告訴老師英文一分之差，有時只因為是名詞、動詞的認知不同就會影響分數，希望老師給我補考機會。父親動之以情，說之以理，訴求合情合理，老師才願意破例再給我一次機會，我也才能順利畢業。

我們家有五個小孩，記得弟弟要考大學時，父親也很擔心他考不上。因為弟弟從台中一中被勒令退學，回到埔里高中讀書，成績也普通；他早熟又叛逆，不愛讀書，只沉溺於他有興趣的事情，喜歡看英文小說，也熱愛塗鴉漫畫，牛伯伯漫畫徵選，他得過第二名；父親束手無策，在無計可施的情況下，他只好求神問卜。父親身為教師，不想讓學生看到他穿道袍的模樣。因此，每天清早天還未亮時，他即到城隍廟，虔誠誦經，叩頭跪拜。也許是心誠則靈，感動上天，結果，弟弟真的榜上有名，是那年埔里高中兩個考上大學的其中之一，學校還特別慶祝鳴放鞭炮，算是鎮上的一樁大事。

父親也很孝順，儘管祖母始終較偏袒伯父，但卻是由父親奉養祖母。有一回，我們陪祖母去南投中興新村接受縣長林洋港表揚「全省模範母親」，回家後，父親因為尊敬兄長，把全部的獎牌與錦旗都送交給伯父。後來，遺產也全由伯父分配，在諸多名貴的古董、家具中，父親只取了一口老鐘，母親為此非常不悅，認為犯了習俗中「送終」的大忌，但看在我的眼中，父親此舉彷彿是在教導我要珍惜人生和光陰，而他所表現出來的灑脫，對我後來的影響也很大。

以前我們印象中的父親是很節省的，甚至在母親的眼光中，認為父親吝嗇小氣，後來才知道，他是身體力行，以身教、言教奉行家訓：「勤、儉、忍」。

在節儉方面，他平常對於一張衛生紙都會折半使用。在勤勞方面，母親開毛線工廠、毛線補習班，父親教書下課後也會不計身分，幫忙熨平衣服。父親是愛美又懂得保養的人，他身上會擦乳液。他也擅長養生，如有感冒，會自己打兩顆檸檬汁生喝。此外，他的個性相當坦率。有次我問他，「您最快樂的事是什麼？」他不假思索的說：「銀行的存款數目增多。」這樣的直爽率真讓我想起比爾蓋茲有次被記者問到一個八卦問題，「你的老婆梅琳達一開始是怎麼吸引到你的？」比爾脫口而出，「我覺得是長相！」他們的坦率頗有異曲同工之妙。

其實，令父親快樂的事還不只是銀行存款增多。在我們家族小小的周末下午音樂會，父親會彈奏曼陀鈴，搭配我堂伯演奏的手風琴、小提琴，共享愉悅時光。有時，每隔兩星期，他會和學校老師打打麻將，一打就是半天以上，這會讓拚事業忙到分身乏術的母親有點不高興，但我們小孩子可樂了，因為只要他一贏錢，一定會買麵包回家。

父親旅居美國期間曾中風過，住進一家「加菲爾」社區醫院。當時我因為工作的關係，得台美兩地奔波，因此大部分時間都由我內人和弟媳照料他。內人回憶起那段日子，直讚父親是一位最好照顧的病人。由於父親長期茹素，能夠吃的就是固定幾樣菜，但是父親從不挑三揀四，且每餐都吃得一乾二淨，毫不浪費！

住院一個半月後，院長宣佈他無藥可救了，只能終生坐輪椅。這雖然是一件令人很沮喪的消息，不過，有一位護士為他打氣，她認為父親精力充沛，一定可以度過難關。果然，父親也不負所望，他很認真用心地復健，扶著欄杆，一步一步，用比別人多一倍的時間，咬牙苦練。

兩個多月後，奇蹟發生了，父親竟然可以走路。復健期間有復健師，要用簡單的算術考考他的頭腦反應，父親卻拒不回答，因為父親自有其自信，再者，考一位數學老師簡單的加減算術，不就等同是一種侮辱嗎？父親在此展現了他充滿自負的一面，另一方面也以身教示範，意志力和毅力無比重要，特別是在面對難關時。他往生後，我才從鎮公所那兒得知，幾十年來，他把每個月學校配給的白米、食油全都捐獻出去送給遊民，他的無緣大悲及默默行善，深深影響我的人生。

出門在外倍思親人，每每想起父親，如果他還在世，一定要帶父親來此一遊。可惜子欲養而親不待的遺憾，總讓我潸然落淚。

—後記—

面對大自然　唯有更謙卑

北極是一個由陸地包圍海洋的區域，終年都可看見白茫茫的一片冰封雪地的景象，放眼一望似乎是一個死寂的蠻荒之地，但是其實北極的動植物種非常豐富，不但有許多海洋生物，苔原上的植物更是千奇百怪，風景多采多姿，北極，正是一個如此能夠洗滌人心的極境美景。

可是面對地球暖化情況愈來愈嚴重，極地冰山冰體不斷融化，除了擔心極地美景不再、北極熊無家可歸之外，學者預期暖化恐造成海平面上升、極端氣候等等極大破壞，為解決地球的燃眉之急，國外科學家提出「再度冰封北極」的計畫。

根據《明日科學》，科學家列出預算，預計以五千億美元製造一千萬個風力發電泵將冰層下方的水引流至水面上。理論上，將冰層底下的水帶到水面上能有效凍結冰層，增加冰層厚度，而再度使北極冰封。科學家預計這個計畫需要一百萬噸鋼，如果成功的話，只要十五年時間就能恢復北極冰層原貌。但也有科學家持反對意見，認為如果暖化沒減緩，低緯度的熱空氣會經由大氣與洋流影響北極，使那些重新結凍的冰層再度融化。

冰封北極可行與否並非我的專業範疇，但我在北極時真正體會到人面對大自然時，必須帶著謙卑的心。謙卑是一種柔和的心，位在環北極的國家，很早就知道這個道理。例如芬蘭人深刻了解到大自然的力量，他們懂得平衡產業發展與環境保育，過去半個世紀以來，芬蘭的森林面積逐漸擴大，不減反增，這一切都歸功於他們每砍一棵樹，就必須再栽種三棵樹的法規。尊敬自然，正是北歐國家進步

的動力來源。

然而令人費解的是美國總統川普，為增加美國化石燃料生產能源，二〇一七年簽署一項行政命令，中止、廢除或檢討前任總統歐巴馬為遏止氣候變遷而採取的「乾淨電力計畫」等多項措施，甚至退出主旨在遏止全球氣候暖化的「巴黎協定」。

川普此舉，引起環保人士不滿，指川普「蓄意摧毀保護空氣和水並創造就業的計畫，全為讓汙染的企業獲利，不惜犧牲所有人」。

歐、亞國家領導高層也紛表驚愕、沮喪、蔑視及憤怒。法國總統馬克宏帶頭抨擊川普的決定愚昧且錯誤，德國總理梅克爾說，未來會更果斷保護氣候，「什麼也無法阻擋我們這麼做」；德、法與義大利也在共同聲明中捍衛「巴黎協定」。日本環境大臣山本公一則認為川普此舉與人類的智慧背道而馳；英國首相梅伊則告訴川普，「巴黎協定」是正確的全球架構，可保未來世代繁榮安全。

北極的冰廣闊、神祕而古老，並且保留最原始的樣貌。去一趟北極，可以說是享受了心靈的淨化，畢竟人都是源於大自然，並且渴望接近大自然的。希臘有一座戴爾菲神殿，供奉阿波羅神，神殿上銘刻的第一句話，即是「認識你自己」。因為多數人所認識的是假我，偏離了真實的自己。禪宗教人參究「本來面目」，識心達本之後，就沒有所謂世法、佛法、煩惱、菩提等等分別心的產物。人總是在返璞歸真之後，才能夠真正看透自己的心思，並且開始反省自身。曾子也說：「吾日三省吾身」只有向內心深處發掘，才能找到真實的自我。

地球的資源雖然豐饒，卻滿足不了人們貪婪的慾望。古代人得克服困苦的環境，努力生存下去。現代人則依循貪婪的慣性，對地球予取予求，造成環境的破壞與污染。眼見北極熊花了很久的時間狩獵，卻一無所獲，敗興而歸，令人感慨萬千！

因此如果你問我，多次前往北極，有什麼感觸呢？

我想說的是，日本「經營之聖」稻盛和夫所服膺的「敬天愛人」哲學，深得我心。

須知「人定勝天」雖然是期勉人做事要全力以赴，克服萬難，但卻也是一句危險的「妄語」，事實上北極熊的危機也可能將是人類的危機，大自然反撲的力道十分恐怖，人類一定要懂得尊敬大自然，才能與大自然和平共處。

稻盛和夫受「明治維新」三傑之一的西鄉隆盛影響甚深，特別是西鄉所寫的書法「敬天愛人」，成了稻盛和夫的企業經營哲學，他憑著這四個字帶領公司、員工一步一步邁向高峰！同樣地，這也是處理人與大自然之間關係可以依循的準則！人類科技文明雖然日新又新，但面對大自然所知仍有限，因此一定要以謙虛態度取代狂妄自大，正如哲學家蘇格拉底說：「我唯一知道的，就是我的無知。」這也是我們要學習的自省精神，如此才能和大自然、萬物共生共存。

〈附錄〉

巧問妙答時間

Q&A

閱讀極境
陳維滄・作品集
2013/12/10 ~ 2014/02/11

政大圖書館・閱讀學園
夢想與閱讀
系列講座
閱讀啟發夢想・夢想成就人生
Keep Dreaming
Keep Reading
陳維滄先生
壯遊行腳-老頑童圓夢之旅
時間：103年3月24日・13:30-16:00

閱讀啟發夢想
夢想成就人生
Keep Dreaming
Keep Reading
<夢想與閱讀系列講座>
極地攝影老頑童：陳維滄先生
壯遊行腳-老頑童圓夢之旅
時間：103年3月24日・13:30-16:00

第三隻眼
主講人：陳維滄
日期：2012/09/27
地點：市立圖書館B2外文圖書室
主辦：市圖英文小說讀書會

人生壯遊
主講人：陳維滄
地點：東海大學 茂榜廳
日期：2010/5/8

極地壯遊
第三隻眼看世界
主講人：陳 維 滄
日 期：5月15日 18：30～21：30
地 點：美麗信花園酒店 台北市市民大道3段83號
主 辦：國際崇她台北欣社

璀璨的人生
挑戰極限 超越自我

人生壯遊
深入探險 挑戰極限

熟悉我的朋友都知道我不愛接受電子媒體訪問，電視台一律婉拒，廣播電台也不輕易受訪，除非「時報出版」有人陪同，我接受王文華二〇一〇年九月在News 98電台的專訪，是一次愉快的經驗，王文華說：「南極、北極、外太空……您的故事，比我今天任何案例都有啟發性。」由於王文華事前做足功課，拋出的問題有深度，讓我回答時激盪出火花！

同樣地，一場理想的演講如果提問問題有深度，切中要點，也能彼此受益。

二〇一二年六月，我應邀在深圳中心書城的演講，算是一次印象深刻的海外演講。深圳中心書城是一個全球華人地區最大的書城，曾獲得「全民閱讀示範項目」，受邀書城演講的不乏像是台大教授傅佩榮、名作家龍應台等人。由於漫畫大師蔡志忠穿針引線，大陸百年老店商務印書館出版了拙著《那些極境教我的事》簡體字版，並特別安排了新書發表會，只有買書的讀者才得以入場。我提早一小時進場，沒想到現場已有二十多位聽眾捷足先登了。全場演講歷時兩小時，從聽眾喜悅的眼神，讓我的眼睛也跟著亮了起來。現場座無虛席，有些讀者全程站著聽講，不辭勞苦的精神讓我感動。

Q&A時間，問得巧，答得妙！聽眾熱烈舉手搶著發言，算是我歷來演講所見，提問問題非常深思熟慮，鞭辟入裡的一次。新書簽名會時，其中有位讀者還一口氣買了三本書。

國內演講部分，我曾應邀到台大登山社、政治大學、聯合大學、東海大學、淡江大學等大專院校或其它社團、讀書會演講，很多聽眾對於「極地壯遊」反應熱烈。讓我印象深刻的是在政治大學的一場演講，我演講前，三百多名政大學生已事先讀過《那些極境教我的事》；最感殊榮的是蒙前圖書館館長劉吉軒教授及現任蔡明月館長的抬舉厚愛，將這場演講列為「年度重點工作」之一。不但演講海報的製作，別出心裁，酷卡的設計，也格外費心。

為了這場演講，圖書館更特別舉辦徵文比賽，有一百四十五位同學入圍初選，他們作品優秀，難分軒輊，說明了政大不愧為執社會人文科學之牛耳！

向來我的演講主題不在於教人怎麼吃喝玩樂，而是想讓人理解我在人生行旅中到底學會了什麼，或者說「旅行教了我什麼？」我想讓聽眾真正受用。因此，通常我演講時間如果充裕的話，儘量會安排Q&A時間，以增進交流。聽眾也會提出一些問題，其中有些值得深入思考，有些是大家共感興趣或想了解的問題，因此特別摘選其中幾個Q&A，以饗讀者。

Q Arctic（北極）這個字的來源是什麼？

A：Arctic是希臘語「熊」的意思，但身為北極的主角，北極熊卻快要不能在北極立足了。冰川融化讓北極熊覓食艱辛、存活困難，現在估計北極熊大約還有兩萬隻，但專家警告三十年內將大幅減少百分之六十五，雌性北極熊的體重更將跌至不足一百九十公斤的「不育警戒線」。

Q 北極熊會滅絕嗎？

A：近來北極因氣候暖化而冰山、冰層大量消融，科學家預測，北極在二〇三〇年以前，夏天可能無冰，嚴重威脅北極熊的生存。專家還預測，全球北極熊到了二〇五〇年時，可能只存活三分之一。美國政府未雨綢繆，已將北極熊列為瀕臨絕種動物之一。

Q 為什麼海冰對北極熊很重要？

A：北極熊是很依賴海冰的動物，海冰是牠們獵食的主要平台，假如沒有海冰，北極熊就無法在海上獵捕其主要獵物——海豹。

隨著暖化問題與日俱增、海冰面積愈來愈小，儘管北極熊被迫拉長在陸地上覓食的時間，但仍可能一無所獲。雪上加霜的是，北極地區的暖化速度比全球其它地區快上一倍；雖然目前北極熊數量暫未明顯減少，但只要海冰面積縮小的情勢未見改善，北極熊未來還是有可能快速消失。

Q 北極熊捉到南極放生，能活下去嗎？

A：南極是塊覆滿厚厚冰層的大陸，周圍被海洋包圍，遠離大陸，只有一些小小的群島。南極嚴苛的氣候條件更只容許極少數原始昆蟲、苔蘚類低級植物、企鵝得以生存。由於食物來源嚴重匱乏，就算是北極熊能通過層層嚴酷超低溫的考驗，恐怕也是活不下去。

Q 北極曾經有企鵝嗎？

A：這是一個有趣的假設問題。生物學家認為企鵝是在一億年前經由一種會飛的鳥逐漸演變來的。根據報導，過去在北極地區也曾經存在過一種不會飛的鳥，由於人們的濫捕濫殺，已在一八五〇年絕跡。當地土著中稱之為「北方企鵝」。

Q 北極和南極，誰比較冷？

A：南極比較寒冷。由於南極是塊被大陸，周圍環繞著海洋；相反的，北極是四周圍繞著陸地的海域。由於陸地吸熱比較快，散熱也相對快，不容易保

持溫度，而水是比較容易保持溫度恆定的物質，以此推論，不難理解南極為什麼比北極寒冷。

Q 北極冰山、南極冰山形狀有什麼不一樣？

A：同樣是冰山，南極冰山和北極冰山的形狀卻大大不同。南極冰山的上端較為平坦，看起來像是一座方山；北極冰山的外觀較銳利尖削，像是一座尖尖的小山。造成這樣的原因可能是北極冰山是由周圍陸地高山滾落海面而逐漸形成；南極冰山卻是南極大陸上的冰山一點點的慢慢滑落海面而累積形成。

Q 誰最早到達北極點？

A：二十世紀初人類的足跡首次踏上北極點。然而，究竟是誰最早到達了北極點，卻存在著爭議。美國海軍中校羅伯特・皮爾里（Robert Edwin Peary）在九月六日到達拉布拉多時，宣布已於一九〇九年四月六日到達北極點。可是他卻同時獲知曾與他共事過的一位同事庫克（Frederick Cook）捷足先登，搶先在五天前發表聲明，宣稱早已於一九〇八年四月二十一日在幾位愛斯基摩人陪伴下到達北極點。

庫克宣稱帶領三百隻極地狗，乘十一架雪橇，從加拿大的斯瓦提渥格出發，還將美國國旗裝在一個金屬管裡，埋在地球的最北端。庫克並在一九〇九年九月一日，向《紐約先驅報》編輯部發出了自己到達北極點的電報，自稱是第一個到達北極點的人。

當探險家皮爾里知道這個消息的時候非常生氣，怒指責庫克空口說白話，皮爾認為庫克從未到過北極。

他們各有各的理由，誰是誰非，爭議一直沒停過。

Q 國人到北極旅行要花多少錢？

A：關於北極旅遊行程和旅遊費用，各家旅行社祭出的方案和費用不同。不過，以十八天的旅程而言，包括來回經濟艙機票，要新台幣七十一萬八千元，平均一天約新台幣四萬元左右。

Q 請問陳董事長是從什麼時候開始玩攝影？大學時代就學攝影嗎？

A：不只，實際上我從高中開始就跟同學莊靈一起玩攝影。莊靈後來成為有名的攝影家！

Q 深知董事長走遍地球村的大部分地方。讓我疑惑的是，您為什麼不留戀風景秀麗，滿園春色的旅遊景點，而選擇那些人煙稀少、險象環生、冰冷荒涼的極境。請問何故？

A：我當然踏遍不少風景秀麗的世界景點，探訪古文明的埃及、希臘、伊朗、衣索比亞，還有無數的名勝古蹟，以及美麗的海灘。為了提升旅遊的內涵，想到旅遊進化論，想到不入虎穴，焉得虎子，我一直相信：

痛苦是達到更大快樂的一個必要手段和過程。（德國哲學家尼采）

痛苦是快樂的母親，生命的奇葩都是從痛苦中產生的。（羅家倫）

舉凡偉大的作品，都是苦悶的象徵。（廚川白村）

Q 您的家人會操心顧慮您的安危嗎？

A：家人當然擔心啊！我也知道不能為了實現自己的夢想而一意孤行，我是經過一番天人交戰，三番二次，和家人溝通，兒女都長大成人，可以獨立謀生，盤算一下，萬一我有三長兩短，讓家人有足夠的安養金。我是六十歲才開始參加深度旅遊的，我同時答應內人，我每年願意陪她兩次到任何她想去的地方。

ACROSS 035

看見真實的北極：不老探險家帶你與北極熊相遇

作　　者——陳維滄
主　　編——余玫鈴
責任企劃——曾俊凱
文字整理——謝登元
美術設計——翁翁
美術編輯——不倒翁視覺創意工作室

總 編 輯——李采洪
董 事 長——趙政岷
出 版 者——時報文化出版企業股份有限公司
一〇八〇一九臺北市和平西路三段二四〇號三樓
發行專線——（〇二）二三〇六六八四二
讀者服務專線——〇八〇〇二三一七〇五・（〇二）二三〇四七一〇三
讀者服務傳真——（〇二）二三〇四六八五八
郵　　撥——一九三四四七二四時報文化出版公司
信　　箱——一〇八九九臺北華江橋郵局第九九信箱
時報悅讀網——http://www.readingtimes.com.tw
電子郵件信箱——newstudy@readingtimes.com.tw
時報出版愛讀者粉絲團——http://www.facebook.com/readingtimes.2
法律顧問——理律法律事務所 陳長文律師、李念祖律師
印　　刷——勁達印刷有限公司
初版一刷——二〇一七年十一月二十四日
初版二刷——二〇二四年二月六日
定　　價——新臺幣三九〇元
（缺頁或破損的書，請寄回更換）

時報文化出版公司成立於一九七五年，
並於一九九九年股票上櫃公開發行，於二〇〇八年脫離中時集團非屬旺中，
以「尊重智慧與創意的文化事業」為信念。

看見真實的北極：不老探險家帶你與北極熊相遇 /
陳維滄著. -- 初版. -- 臺北市：時報文化, 2017.11
　面；　公分. -- (Across；35)
ISBN 978-957-13-7230-3(平裝)

1.遊記 2.北極

778.9　　　　　106021316

ISBN 978-957-13-7230-3
Printed in Taiwan

〈迴響〉想聆聽您的聲音

謝謝您購買《看見真實的北極：不老探險家帶你與北極熊相遇》，這本書的重點不在於教人怎麼吃喝玩樂，而是想讓人理解作者在人生行旅中到底學會了什麼？

誠摯邀請您將看完這本書的心得寫下來，凡於2018年1月31日前，撰寫心得：

1. 寄到「11059台北市信義路五段150巷2號14樓之7 川流文化教育基金會 收」或
2. Email 到「tptmhk@hibox.hinet.net 川流文化教育基金會 收」

即贈送只送不賣、極具收藏價值的2018年精美桌曆乙份。（數量有限，送完為止！）

【讀者資料】

姓名：	性別：	年齡：
職業：	聯絡電話：	
地址：		
心得：		

"WE ARE FAMILY"

※ 請對摺後直接投入郵筒，請不要使用釘書機。

廣	告	回	信
台北郵局登記證			
台	北	廣	字

第　2218　號

川流文化教育基金會　　收

11059 台北市信義路五段150巷2號14樓之7

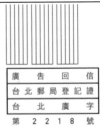